EXCELで学ぶ
バーゼルⅡと
信用リスク評価手法

青沼君明・市川伸子［著］

社団法人 金融財政事情研究会

はしがき

本書は、バーゼルⅡで求められる信用リスクの計量化に必要な基礎理論を学ぶことを目的としたものである。また、Excelで分析可能な例題を用い、基礎理論を実際に適用する際の具体例についても記述した。

信用リスクの評価に必要となる理論は必ずしも簡単なものではなく、それらを理解するには多くの知識が必要となる。本書では、専門的な理論、厳密な定義などについては専門書に委ね、実務で必要となるものにフォーカスして解説した。そのため、数学的な曖昧さを残した部分も多くある。一方、実務のなかでデータをハンドリングしていると、データそのものの特殊性や構造変化、粗さなどという局面にぶつかる。これは、精緻な複雑なモデルが、必ずしも現実を説明することができないということを意味している。

本書では、信用リスクを計量化するための例を示しているが、これがベストであるということではない。ベストな方法とは、

(1) 実務的な感覚にマッチしたモデルであり、その結果の解釈もしやすい
(2) モデルの前提が実務的に妥当である
(3) モデルがシンプルであり、リスク要因などが特定しやすい
(4) データ期間が変わった場合にも、安定的にパラメータが推定される
(5) モデルのメンテナンスが容易である

などの観点を満たす必要がある。つまり、理論的な整合性は考えながらも、最終的には実務で利用しやすいものが前提となる。なお、基礎理論とはいえ、バーゼルⅡの現状を考慮し、実際に業務で使えるレベルを心がけた。

本書では、信用リスクの評価に必要な実務的な題材を演習問題として取り上げ、Excelを用いて分析することで、説明に臨場感をもたせられるように留意した。ただし、想定した題材のなかには標準的なExcelで処理することがむずかしいものもあり、これらについては本書の対象外とした。

本書はExcelの入門書ではないので、Excelの説明については必要最小限

にとどめてある。Excel の詳細については専門書を参照していただきたい。本書の執筆にあたり、多くの方々のお世話になった。本書の出版にご協力をいただいた㈳金融財政事情研究会の佐藤氏とともに、この場を借りて感謝したい。もちろん、ありうるべき誤りはすべて著者の責任に帰する。

なお、本稿は著者の個人的な見解であり、所属する企業の見解ではない。また、本書ではリスク評価に用いられる理論を例示したものであり、普遍的、合理的なモデルを紹介したものではない。したがって、実務で利用される場合には、自己責任のもと、十分な検討のうえご利用いただきたい。

平成20年５月

著　者

【本書を読まれる前に】

本書および添付されたCD-ROM に掲載されたプログラムは本書で説明した内容の理解を助けるためのものであり、実務に直接利用することは避けてください。万一、実際の取引に利用し、そのために損失を被った場合でも、著者および著者の所属する組織はいっさいの責任を負いませんのでご了承ください。

なお、本書は Microsoft Office Excel 2003 SP 2 で作成したプログラムを用いて解説した。

【著者紹介】

青沼　君明（あおぬま　きみあき）

1977年　ソニー株式会社入社

1990年　三菱銀行（現、三菱東京 UFJ 銀行）入行（現在に至る）

融資企画部　CPM グループ　チーフ・クオンツ

（兼務）東京大学大学院 数理科学研究科 客員教授

大阪大学大学院 基礎工学研究科 招聘教授

一橋大学大学院 経済学研究科　客員教授

東京大学大学院　数理科学研究科　博士課程修了（数理科学博士）

〈著書〉

『金融リスクの計量化（下）クレジット・リスク』（共著、金融財政事情研究会）

『金利モデルの計量化』（共著、朝倉書店）

『クレジット・リスク・モデル』（共著、金融財政事情研究会）

『Excel で学ぶファイナンス 3　債券・金利・為替』（共著、金融財政事情研究会）

『Excel&VBA で学ぶファイナンスの数理』（共著、金融財政事情研究会）

他、学術論文多数

〈訳著〉

『デリバティブ入門』（共訳、金融財政事情研究会）

『フィナンシャルエンジニアリング（第 4 版）』（共訳、金融財政事情研究会）　他

市川　伸子（いちかわ　のぶこ）

1989年　東京生命保険相互会社（現、T&D フィナンシャル生命保険株式会社）入社

2008年　三菱東京 UFJ 銀行入行（現在に至る）

融資企画部　CPM グループ

成蹊大学文学部　卒業

目　次

第1章　バーゼルⅡの概要

第2章　デフォルトとデフォルト認識

第3章　データの時系列分析

第4章　分布の差異分析

第5章　プール分類の検討

第6章　景気後退期の特定

第７章　LGDの推定

第８章　EADの推定

第９章　バック・テスト

第 1 章

バーゼルⅡの概要

平成19年3月に実施を開始したバーゼルⅡは、金融機関がリスクをコントロールし、経営の健全性を維持していくためのインセンティブを与えることを目的とし、銀行のリスク管理水準を向上させるための規制である。
　バーゼルⅡの内容としては、大まかに第1の柱（最低所要自己資本比率）、第2の柱（金融機関の自己管理と監督上の検証）、第3の柱（市場規律）があげられる。
　「第1の柱」は、信用リスク・アセットの精緻化を図るとともに、オペレーショナルリスクを算出し、これをリスク・アセットに追加するというものである。定量的基準（国際統一基準行）では、信用リスク・アセット、市場リスク・アセット、オペレーショナルリスク・アセットという単位で計測されたリスク・アセット量に対する規制上自己資本（最低所要自己資本）の割合が、8％を下回ってはならないとするものである。

【定量的基準（国際統一基準行）】

$$\frac{規制上自己資本}{\underset{\substack{\text{「標準的手法」}\\\text{「内部格付手法」から選択}}}{信用リスク・アセット} + \underset{}{市場リスク・アセット} + \underset{\substack{\text{「基礎的手法」}\\\text{「粗利益配分手法」}\\\text{「先進的計測手法」から選択}}}{オペレーショナルリスク・アセット}} > 8\%$$

　信用リスク・アセット額は、
$$信用リスク・アセット額 = \sum(与信額（保証等オフバランス取引含む）\times 各リスクウェイト)$$

で計算され、標準的手法、あるいは内部格付手法から適する手法を選択することができる。標準的手法は、与信先カテゴリーと外部格付によって細かなリスクウェイトテーブルをもつ。一方、内部格付手法では、リスクウェイト関数項目はデフォルト率、デフォルト時損失率、デフォルト時エクスポージャー等があり、各国共通の関数式に入れてリスクウェイトを計算する。基礎的内部格付手法ではデフォルト率を、先進的内部格付手法ではデフォルト率（PD）以外にデフォルト時損失率（LGD）、デフォルト時エクスポージャー

(EAD) を金融機関が推計する。

「第2の柱」は、金融機関自身が「第1の柱」の対象以外のリスクも含めてリスクを把握し、経営上必要な自己資本額を検討するというものである。その場合、金融機関による総合的なリスク管理と、監督当局によるモニタリングを行うことが前提となる。

「第3の柱」は、金融機関による情報開示の拡充によって、市場規律の実効性を高めることであり、金融機関は自己資本比率とその内訳、各リスクのリスク量とその計算手法等について情報開示が求められる。

本書は信用リスク管理の精緻化の部分について、具体的には、デフォルト率、デフォルト時損失率、デフォルト時エクスポージャー等の推計方法や検証方法を取り上げ、リスクの評価について示していく。

1.1 デフォルトの認識基準

取引先が債務不履行の状態となった時点、もしくはローンの一部もしくは全額が代位弁済などによって回収された時点がデフォルト時点の定義である。そして、残存金額（残債金額）に対して実際に回収された金額が回収率の本来の定義である。しかし、バーゼルⅡにより信用リスクを評価する際には、標準的手法、あるいは内部格付手法によって、より保守的なデフォルト確率を前提とするデフォルトの認識基準が適用される（以降、バーゼルⅡデフォルトと呼ぶ）。

標準的手法基準も内部格付手法基準も、実際にはデフォルトしていない企業や顧客についても、ある基準を超えてしまった場合にはデフォルトとして認識される。これは、デフォルトを保守的に評価するためのものであるが、デフォルト確率は高めに予測されることになる。また、実際のデフォルトでは、同一取引先が2度デフォルトするということはないが、バーゼルⅡでは、同一取引先が何回もデフォルトするという状況が発生する。たとえば、3カ月以上延滞となった債権はバーゼルⅡデフォルトとして認識されるが、一度延滞を解消すれば、正常先であり、その後再び３カ月以上延滞となった場合には、もう一度デフォルトすることになる。また、デフォルト時の回収額期待値は、デフォルト確率と回収額の積として計算される。そのため、回収額期待値を固定して考えた場合には、デフォルト確率を保守的に見積もったと考えていた場合も、回収率（もしくはデフォルト時損失率（LGD））の見積りが逆に甘くなってしまう可能性もある。

> バーゼルⅡ基準：バーゼルⅡ告示案205条
> ① 破産更生債権およびこれらに準ずる債権
> ② 危険債権（債務者格付）
> ③ 要管理債権（債務者格付）
> リテール債権については、
> ④ ３カ月以上延滞債権
> ⑤ カード・ローンなど極度超過から３カ月以上延滞
> ⑥ 代弁完済、強制退会があった場合

1.2　プールの考え方

プール分割は、リスク特性が同質である債務者および与信取引をプールに束ねて管理することにより、リスクの実態をより効率的に把握することを目的としている。そこでは、「大数の法則」「大量処理」を前提としており、プール割当てを実施することにより、

① リスクが適切に区分される
② 各プールが十分に類似性をもったエクスポージャーによって構成される
③ プール区分ごとに損失の特性を正確に継続的に推計することが可能となる

といった効果を期待している。プール別にデフォルト率（PD）、デフォルト時損失率（LGD）、デフォルト時エクスポージャー（EAD）を定量化し、信用リスクの評価、管理を行うことを目的としているが、ここでは、プール内の債務者のリスク特性は同質的であることが前提となっている。プール分類では、値として意味をもつ連続変数を数種類の境界によって分類するといった問題や、プールを構成する債務者数といった問題もあり、プール分割の頑健性を維持するのは決して簡単なことではない。これについては第5章で述べる。

1.3 LGDの考え方

デフォルト時損失率（LGD）は、デフォルト事由発生時のエクスポージャー額に対する損失額の割合である。バーゼルⅡにおけるデフォルトの認識基準では、債務不履行などにより実際にデフォルトとして認識された状態（吸収状態デフォルト（d））のほか、「延滞デフォルト」「格付デフォルト」などの実際にはデフォルトしていない状態（非吸収状態デフォルト（b））が含まれる。また、バーゼルⅡデフォルトに陥っていない正常状態（n）、ローンなどを完済した完済状態（c）などにある債権も存在することに注意が必要である。

債権の状態を以下の4つの状態で評価することにする。

① 完済（c）

② 正常状態（n）

③ 非吸収状態デフォルト（b）

④ 吸収状態デフォルト（d）

LGDの評価では、実際のデフォルトを意味する吸収状態と、延滞デフォルト、格付デフォルト等の非吸収状態デフォルトの状態推移を考慮した推計を行う必要がある。

図1.1は、現時点でバーゼルⅡデフォルトとして認識された債権を抽出

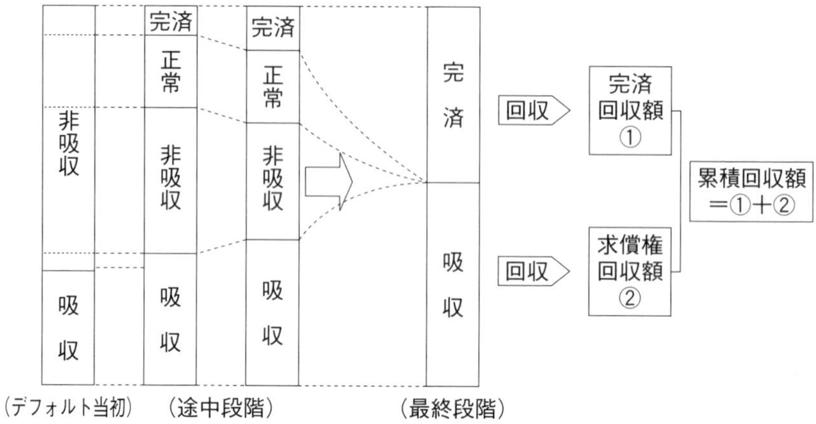

図１．１　デフォルト債権の状態推移のイメージ

し、ローン満期までの状態を表したものである。非吸収状態デフォルトは途上の一時的な状態とみることができ、最終的には吸収状態デフォルトもしくは完済に推移する。LGDでは、バーゼルⅡデフォルトとして認識された債権の回収率の推定が必要となるため、バーゼルⅡデフォルト以降にどのような状態になるかという推定値が必要となる。これは、回収は実際にデフォルト（吸収状態）になってからスタートし、それ以降の回収には期間構造があるからである。つまり、LGDの推定では、バーゼルⅡデフォルト以降に実際にデフォルトする期間構造の推定（状態推移）と、実際にデフォルトしてから回収が終了するまでの回収率の期間構造の２つの情報が必要となる。

状態推移確率の推定については、第７章で述べる。

【LGD実績計測の基本式】

LGD＝１－(累積回収額／デフォルト時残高)

＝１－(完済回収額＋求償権回収額)／デフォルト時残高

＝１－((１－バーゼルⅡデフォルト後に実際にデフォルトする確率)×完済時回収率

＋バーゼルⅡデフォルト後に実際にデフォルトする確率×デフォルト後回収率)

次に、計測したLGD実績に、回収に要した期間に応じた割引効果、リスクプレミアム、回収に要した費用を反映させて長期平均LGDを推計し、さらに、景気後退期を特定して長期平均LGDを下回らないようにストレスLGDを推計する。

1.4 まとめ

ここでは、バーゼルⅡのごく簡単な概要説明とプール割当て、LGDの考え方について述べた。以降の章では、信用リスクを中心にこれらの考え方の例を示していく。バーゼルⅡ対応の一番のむずかしさはデータの収集であり、モデルの構築は長期データの保有が前提となる。一方、信用リスクのリスク・ファクターとなる商品性などは、時点によって変化する可能性があり、同じ商品分類、あるいはプールであっても特性が変化している場合もある。このため、インサンプルのテストをすると、長期のデータを用いたものより、短期のデータで検証したほうが有意となるケースもある。理論と現実のギャップをどう埋め、実務的にわかりやすいモデルをつくるのかということは、やはり大きな課題となる。

第 2 章

デフォルトとデフォルト認識

たとえば、個人向けローンの信用リスクを計測するために必要なリスク・ファクターについて検討する。バーゼルⅡでは、そうしたリスク・ファクターの特性によってプール割当てを実施することを求めている。この章では、リスク・ファクターの特性をみるためのいくつかの手法について検討する。

2.1 デフォルトを説明するリスク・ファクターの評価

個人向けローンの主なリスク・ファクターには、以下のようなものがある。

(1) ローン種別

ローンには借入れの目的があり、ローン種別により信用リスクは大きく異なる。また、ローン種別は個々の取引ごとに付与される概念であるので、リスク・ファクターとして独立しており（他のリスク・ファクターの影響を受けない)、時間が経過しても普遍の概念である。ローン種別は質的変数（カテゴリー・データ）であり、仮に、プールに分解してもデータの本質を失うことはない。ただし、ローンの条件設定、商品内容は時点により異なることも多く、営業施策の関係で特定時点のデータ数が多くなるという現象が生ずる場合がある。

(2) 担保種別

担保の種類によって、デフォルト確率や回収率に差があると考えられる。一方、担保種別はローンごとに決められていることも多く、その場合はローン種別によって、担保種別も分類されていると考えることができる。担保種別も質的変数（カテゴリー・データ）であり、仮に、プールに分解してもデータの本質を失うことはない。

(3) 延滞情報

標準的手法基準、内部格付手法基準においても、「延滞」をデフォルト・リスクの評価基準としている。延滞については、延滞回数で判断するとすれば本来連続変数であり、値に意味をもった数値である。ただ、延滞回数は離散的な数値であるので、あくまでも分類としての有効性を考える場合には、質的変数（カテゴリー・データ）として扱っても大きな問題は生じないと考えられる。

(4) デフォルト確率の期間構造

ローンのデフォルト確率には期間構造がある。すなわち、設定時点当初では少ないデフォルト確率は次第に増大し、時間の経過とともに残存金額が少なくなるとデフォルト確率が減少するという特性がある。

(5) 取引先属性

ローンのデフォルト確率には、取引先の属性が大きな影響を与える。個々のローンについての取引先属性として、以下のような項目がデフォルト確率に影響を与えると考えられる。

① 貸出金額
② 設定金利
③ 年齢（ローン設定時の年齢、予定されたローン終了時点の年齢）
④ 実行日
⑤ 年収
⑥ 貸付期間
⑦ 月のダミー変数
⑧ 市場金利
⑨ 金利のスプレッド（設定金利と市場金利の差） etc

こうした取引先属性の変数は値に意味をもった連続変数であり、しかも独立した変数ではないので、取引先属性を考えるには厳密には相関の問題も考慮する必要がある。また、取引属性によっては、市場金利、年齢といった時間依存型の変数と、設定時点でのみ情報がメンテナンスされる年収といった非時間依存の変数が混在している。

(6) マクロ経済の影響

ローンのデフォルト確率は、マクロ経済の影響を受ける。そのため、将来デフォルトを推定するためにはマクロ・シナリオに対応した（ストレス）モデルも必要であり、マクロ要因をリスク・ファクターとして表現可能なモデルが望ましい。デフォルト確率を表現可能なマクロ経済データとしては、以下のような経済指標があげられる。

① GDP、GNP
② 景気動向指数（先行）
③ 家計調査（実収入・勤労世帯）
④ 完全失業率（季節調整ずみ）
⑤ 新設住宅着工合計　etc

こうした、マクロ経済要因は経済環境の構造変化を表すものであり、すべてのプールのデフォルトに影響する。

リスク・ファクターとなるいくつかのデータについて解析するために、目的変数（リスク）と説明変数（リスク・ファクター）の因果関係や寄与の構造を分析し、目的変数の予測に結びつくルールを見つけることが重要となってくる。そのためには、散布図、相関分析、回帰分析、判別分析等を用いて解析することになる。ただし、こうした分析を用い統計モデルを適用する場合に注意が必要なのは、それぞれのモデルにはそれぞれの前提条件があり、分析しようとするデータがこうした前提条件を満たしている場合にはじめて、そのモデルが意味をもつという点である。また、過去データからは過去の特性しかわからない。すなわち、将来も過去と同様な状態が継続すればそのモデルは有効であるが、過去と違う環境になった場合にはそのモデルは十分機能しない。

表２．１は、データ解析によく用いられる手法の目的変数と説明変数の関係を示したものである。

２．１．１　相関分析

２つの量的データの分布のばらつき方を調べ、２つのデータ（観測項目）間の関連性の強さ、関係を探る。

表2．1　データ解析における目的変数と説明変数の関係

	目的変数	説明変数
相関分析	量的変数	量的変数
回帰分析	量的変数	量的変数
判別分析	質的変数	量的変数
数量化Ⅰ類	量的変数	質的変数

データの関連性の強さは「相関係数」で表される。２つの量的データで散布図を描き、それぞれ x 軸にとった変量と、y 軸にとった変量の間の関係をみて、x が１単位増加すると y が増加する、あるいは減少するといった関係がみられるとき、２つの変量の間には相関があるという。x が１単位増加すると y が増加する関係を「正の相関」、x が１単位増加すると y が減少する関係を「負の相関」があるという。

散布図に現れる相関係数の強さ（直線傾向への点の集中度）を数値で表したものを相関係数 ρ_{xy} とする。相関係数は、共分散を各変数の標準偏差で割って基準化したものであり、比較するデータの水準によらない変数間の関係の強さが評価できる。絶対値が１に近いほど関係が強く、０に近いほど関係は希薄であることを表している。

$$\rho_{xy} = \frac{\mathrm{Cov}(x, y)}{\sigma_x \sigma_y} = \frac{\sum_{i=1}^{n} (x_i - \bar{x})(y_i - \bar{y})}{\sqrt{\sum_{i=1}^{n} (x_i - \bar{x})^2 \sum_{i=1}^{n} (y_i - \bar{y})^2}} \qquad (2.1)$$

$\mathrm{Cov}(x, y)$：共分散　　σ_x, σ_y：標準偏差

相関係数	意　　味
＋１	完全な正の相関。散布図は正の傾きをもつ直線を示す。
＋の数値	正の相関関係。１に近いほど正の相関関係が強い。
0	無相関。相関関係（直線的関係）はない。
－の数値	負の相関関係。－１に近いほど負の相関関係が強い。
－１	完全な負の相関。散布図は負の傾きをもつ直線を示す。

例題２．１

ローン種別によるデフォルト率の関係を相関係数によって確認する。図２．１はローン種別A～Dの時系列デフォルト率実績データであるとする。これらの関係を表す相関係数を計算する。

Excelで「ツール（T）」⇒「分析ツール（D）」を指定すると、以下のデータ分析画面が表れるので、「相関」を指定し、OKボタンを押す。

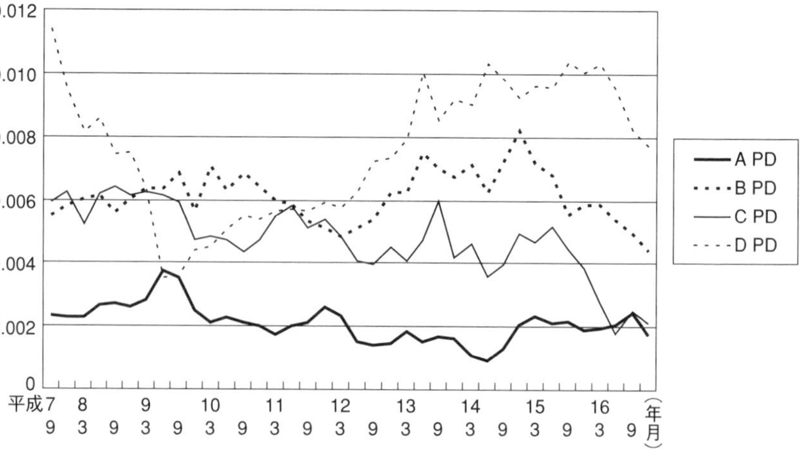

図２．１　ローン種別デフォルト率推移

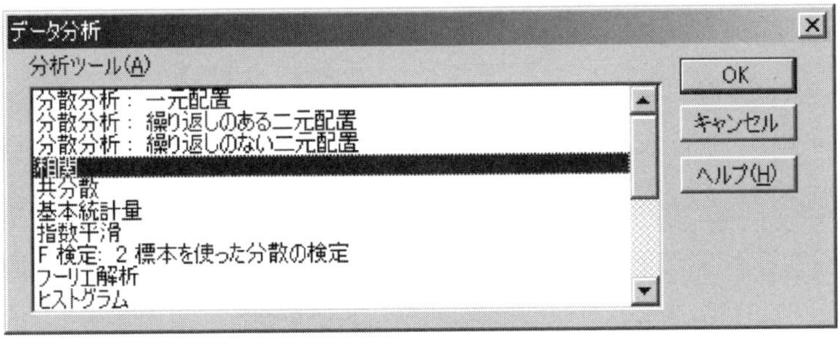

相関の画面が表示されるので、「入力範囲（I）」に各種ローンのデフォルト率データを指定、さらに分析結果の出力先を指定する。

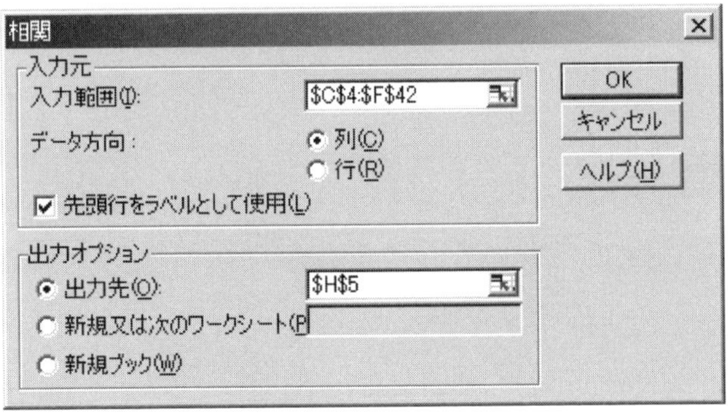

相関係数を計算するためには、ある程度のデータ数があり、それらがある程度集中して直線傾向を示していなければならない。計算された相関係数が2つの変数間の線形関係を普遍的に表しているかどうかの信頼性について検定する。

まず、検定統計量 t の値を計算する。ただしデータから計算された相関係

表2．2　相関係数の出力結果

	A PD	B PD	C PD	D PD
A PD	1			
B PD	−0.11676	1		
C PD	0.486373	0.264724	1	
D PD	−0.47539	0.122107	−0.29318	1

数を ρ、データ数を n とする。

$$t=\frac{\rho\sqrt{n-2}}{\sqrt{1-\rho^2}} \tag{2.2}$$

この検定統計量は帰無仮説のもとで自由度 $n-2$ の t 分布に従うので、$|t|>t(n-2, \alpha/2)$ のとき、有意水準 α で帰無仮説を棄却、すなわち相関係数は 0 でないと結論できる。

$t(n-2, \alpha/2)$ は、自由度 $n-2$ の t 分布の上側 $\alpha/2$ 点、つまり有意水準 α の両側検定の棄却値を示す。この棄却値を検定統計量の t 値の絶対値が上回っていれば、相関係数は有意に 0 でないことが確認できる。

（注意） Excel では t 検定統計量の棄却値を TINV という関数で求めることができる。

演習2．1 Excel によって、例題2．1を確認せよ。

2．1．2　回帰分析

回帰分析は、ある現象を特定の要因で説明したい、あるいは、ある要因が与える影響を計量化したいといった際に利用される基本的なモデルである。リスクの計量を考える際には、デフォルト率（目的変数）をなんらかのリスク・ファクター（説明変数）で説明するモデルを構築したい場面で利用される方法でもある。

ただし、ローンのデフォルト率、累積デフォルト率は 0 ～ 1 の範囲に収まる必要があるが、単回帰分析や重回帰分析ではこの条件を保証することができず、また「非デフォルト」と「デフォルト」という 2 値変数を取り扱うこともむずかしい。したがって、デフォルト率そのものを外性的な確率変数として説明するモデルを構築する場合には、プロビット・モデル、ロジット・モデル等の一般化線形モデルや、生存時間を分析の対象とする Cox の比例ハザード・モデルなどが適当である。しかしながら、実務では解約に関係するパラメータの影響力を線形モデルで評価したいというニーズもあることから、ここでは単回帰モデルについて簡単な例を用いて説明する。

例題２．２

ローンの経過月数と、デフォルトするという状況に、なんらかの関係があるのかについて分析する。ここでは、デフォルト率 y_i を、

$$y_i=\frac{d_i}{m_{i-1}}$$

m_i：経過月数 x_i でのサンプル件数

d_i：経過月数 x_i でデフォルトした件数

として回帰分析を実行したケースを考える。

データとして n 組のデフォルト率（y_i）と経過月数（x_i）が観測されており、デフォルトを経過月数によって説明する単回帰モデルを構築する場合の手法と前提、留意点などについて述べる。

まず、モデルの前提条件などは考えずに、デフォルト率が経過月数に比例するという単回帰モデル $y_i=\beta_0+\beta_1x_i+\varepsilon_i,\ \ i=1,2,\cdots,n$ を構築する。すなわち、デフォルト率を目的変数（y_i）、経過月数を説明変数（x_i）とし、デフォルト率の推定値 $\hat{y}_i$ は

$$\hat{y}_i=b_0+b_1x_i \tag{２．３}$$

という一次式（回帰直線）で表せると仮定する。$b_j(j=0,1)$ は β_j の推定値であることに注意しよう。

説明変数（x_i）の傾き b_1 は経過月数の値がデフォルト率に与える影響度合いを示している。また b_0 は、このモデルの場合には経過月数が０の場合のデフォルト率としてとらえられる。利用するデータによっては b_0 が０であることの解釈がむずかしい場合があり、b_0＝０としてモデルをつくりたい場合もある。こうした処理を行うことはできるが、統計的にはまったく意味のないモデルとなる場合もあるので十分な注意が必要である。

この回帰式から得られる推定値 $\hat{y}_i$ と実測値 y_i の差が残差

残差 ε_i＝実測値 y_i－推定値 $\hat{y}_i$

であり、この残差の二乗和

$$Q=\sum_{i=1}^{n}\varepsilon_i^2=\sum_{i=1}^{n}(y_i-b_0-b_1x_i)^2 \quad (2.4)$$

が最小になるようにb_0とb_1を決定する方法が最小二乗法である。Qを最小とするようなb_0とb_1とを求めるには、Qをb_0とb_1とで偏微分してそれらを0とすることで計算できる。すなわち、

$$\begin{cases}\dfrac{\partial Q}{\partial b_0}=-2\displaystyle\sum_{i=1}^{n}(y_i-b_0-b_1x_i)=0\\ \dfrac{\partial Q}{\partial b_1}=-2\displaystyle\sum_{i=1}^{n}(x_iy_i-b_0x_i-b_1x_i^2)=0\end{cases}$$

とおいてこれらを整理すると、

$$\begin{cases}\displaystyle\sum_{i=1}^{n}y_i=nb_0+b_1\sum_{i=1}^{n}x_i\\ \displaystyle\sum_{i=1}^{n}x_iy_i=b_1\sum_{i=1}^{n}x_i^2+b_0\sum_{i=1}^{n}x_i\end{cases}$$

となり、これらの式を解くと

$$b_0=\bar{y}-b_1\bar{x},\quad b_1=\frac{c_{xy}}{\sigma_x^2} \quad (2.5)$$

が得られる。ここでの

$$\bar{x}=\frac{1}{n}\sum_{i=1}^{n}x_i,\quad \bar{y}=\frac{1}{n}\sum_{i=1}^{n}y_i$$

はそれぞれデータ(x_i)と(y_i)の平均、

$$c_{xy}=\frac{1}{n}\sum_{i=1}^{n}(x_i-\bar{x})(y_i-\bar{y}) \quad (2.6)$$

は標本共分散、

$$\sigma_x^2=\frac{1}{n}\sum_{i=1}^{n}(x_i-\bar{x})^2 \quad (2.7)$$

は標本分散である。

単回帰モデルの特徴は、点(x_i, y_i)から直線$\hat{y}_i=b_0+b_1x_i$への垂直方向の距

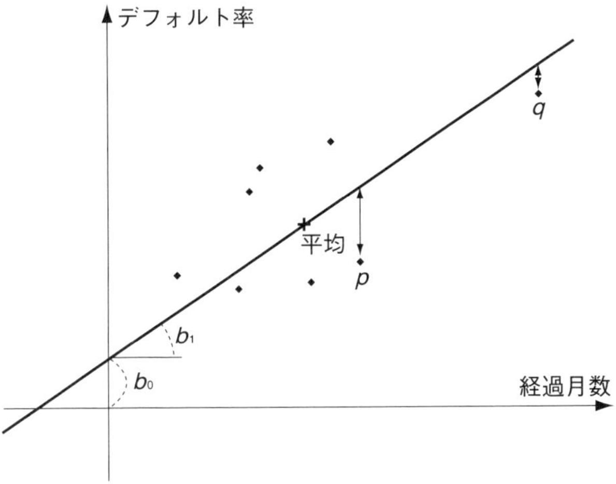

図２．２　単回帰モデルの残差

離の二乗の和が最小化されているということと、回帰直線が x_i と y_i の平均値の座標（$\bar{x}, \bar{y}$）を通過するという点である。このことは、平均値 $\bar{x}$ と実際に観測されたデータ x_i の差異 $x_i-\bar{x}$ の値が大きいデータの残差 ε_i のほうが、相対的に大きなウエイトで評価されることを意味している。これは、図２．２において点 p と点 q を比較すると、平均値の座標である点（x_i, y_i）を中心として回帰直線が回転した場合、x_i の値が平均値より大きなデータである q 点のほうが、p 点よりも残差 $\varepsilon_i=y_i-\hat{y}_i$ が拡大することが直感的に理解できる。

表２．３と図２．３は、デフォルト率 y_i と経過月数 x_i の関係を、回帰分析によってモデル化したものである。

この結果、デフォルト率と経過月数との間には、

$$\hat{y}=0.0223x_i-0.0603 \tag{2.8}$$

という関係があることがわかる。

これらの関係をみてみると、切片項のｐ値は0.3094749であるので、

帰無仮説 H_0：「切片項は０である」

は、５％有意水準で棄却できず、また、経過月数 x_i のｐ値は1.622E-05であ

表２．３　デフォルト率と経過月数の単回帰モデル

概要

回帰統計	
重相関 R	0.7603083
重決定 R^2	0.5780687
補正 R^2	0.55889
標準誤差	0.1376293
観測数	24

分散分析表

	自由度	変動	分散	観測された分散比	有意 F
回帰	1	0.570929	0.570929	30.141189	1.622E-05
残差	22	0.4167201	0.0189418		
合計	23	0.9876491			

	係数	標準誤差	t	p 値	下限95%	上限95%
切片	−0.06033	0.0579902	−1.040353	0.3094749	−0.180594	0.059934
Keika	0.0222814	0.0040585	5.4900992	1.622E-05	0.0138646	0.0306981

り、５%有意水準で

帰無仮説 H_0：「経過月数 x_i の傾きは０である」

は棄却される。この回帰式は、経過月数が１単位上昇すれば、デフォルト率は0.0222814だけ上昇することを意味している。モデルの適合度をみるために、後述する重決定 R^2をみると、0.5780687となっている。

⑴　統計量の意味

ここで、計算処理の説明の関係で、表２．３に示されている単回帰モデルの出力結果のなかから、「回帰統計」と「分散分析表」の各統計量について順不同で解説する。

表中の変動とはデータと平均との差の二乗和（平方和）のことであり、

実測値（合計）の平方和　：$S_T = \sum_{i=1}^{n} (y_i - \bar{y})^2$

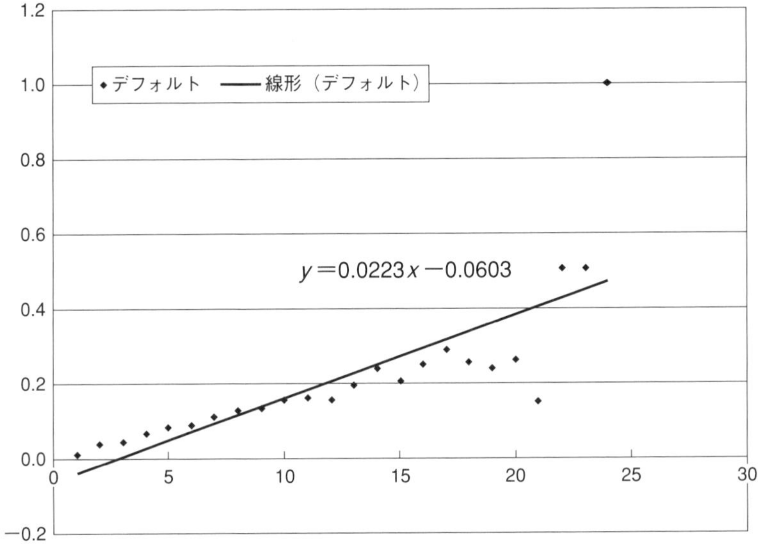

図2．3　デフォルト率と経過月数の単回帰モデル

予測値（回帰）の平方和：$S_R=\sum_{i=1}^{n}(\hat{y}_i-\bar{y})^2$

残差の平方和　　　　　：$S_E=\sum_{i=1}^{n}(y_i-\hat{y}_i)^2$

で計算される。予測値の平方和はyのばらつきのうちxを原因として説明できる部分の大きさを、残差の平方和はxで説明できない部分の大きさを表す。また、実測値（合計）の平方和は、予測値（回帰）の平方和と残差の平方和を合計したものであり、

$S_T=S_R+S_E$

という関係がある。残差の平方和がより小さい回帰式のほうが当てはまりがよいと想定されるが、実測値の平方和に対する残差の平方和の割合としたほうがとらえやすい。そこで、この式の両辺を実測値（合計）の平方和で割ると

$$1 = \frac{S_R}{S_T} + \frac{S_E}{S_T}$$

となり、$\frac{S_R}{S_T}$の値が1に近いほど$\frac{S_E}{S_T}$が0に近づき、当てはまりがよいと考えられる。

$$R^2 = \frac{S_R}{S_T}\left(= 1 - \frac{S_E}{S_T}\right) \quad (2.9)$$

で定義されるR^2を決定係数(寄与率)と呼び、値が1であればそのモデルは全体の残差を100%説明することになり、0であればまったく説明していないことになる。この例では、$R^2 = 0.5780687$であるから、全体の残差の約57.8%がこのモデルにより説明されている。また、実測値yと予測値$\hat{y}$との相関係数は重相関係数と呼ばれるが、決定係数はこの値の二乗であり、重相関係数はRである。また、xとyの相関係数をρ_{xy}とすると、単回帰分析の場合には、R^2はρ_{xy}^2に一致する。

次に、分散とは、平方和を自由度で割った平均平方であり、

予測値（回帰）の平均平方：$V_R = \frac{S_R}{p}$

残差の平均平方：$V_E = \frac{S_E}{n - p - 1}$

で計算される。ここで、pは説明変数の個数であり、nはデータ数である。

決定係数を分析に用いるときに注意が必要なのは、決定係数は説明変数と目的変数の間になんらかの関係があるかどうかについては判断できるが、予測式としての有効性については示していないということである。この例では、応答変数の平均$\bar{y}$は0.2182、残差の標準偏差$S_e (= \sqrt{V_E})$は0.1376293であるので、変動係数（C.V.）は

$$\text{C.V.} = \frac{S_e}{\bar{y}} \times 100 = \frac{0.1376293}{0.2182} \times 100 = 63.079$$

となり、平均値に対する残差はかなり大きいことがわかる。

表２．４　分散分析表の計算

変動因	自由度	平方和	平均平方	F統計量	p値（F）
モデル	p	$S_R=\sum_{i=1}^{n}(\hat{y}_i-\bar{y})^2$	$V_R=\dfrac{S_R}{p}$	$F_0=\dfrac{V_R}{V_E}$	
残　差	$n-p-1$	$S_E=\sum_{i=1}^{n}(y_i-\hat{y}_i)^2$	$V_E=\dfrac{S_E}{n-p-1}$		
全　体（C）	$n-1$	$S_T=\sum_{i=1}^{n}(y_i-\bar{y})^2$			

表２．４に、分散分析表における計算式をまとめた（p値については後述）。

⑵　パラメータ推定値

母集団での回帰係数 β_0, β_1 と、サンプルから推定した b_0, b_1 とは一般には一致せず、サンプルのとり方によって異なる値となる。この推定値の標準偏差が標準誤差であり、β_1 の推定値の標準誤差 $D[b_1]$ は、

$$D[b_1]=\frac{\sigma}{\sqrt{S_{xx}}} \tag{2.10}$$

で計算される。σ は母標準偏差、$S_{xx}=\sum_{i=1}^{n}(x_i-\bar{x})^2$ は x どうしの偏差平方和である。ところが、母標準偏差 σ は未知であるから、その値として推定値である $\sqrt{V_E}$ を用いたのが表２．３の（推定）標準誤差であり、

$$\hat{D}[b_1]=\frac{\sqrt{V_E}}{\sqrt{S_{xx}}} \tag{2.11}$$

で計算される。

t統計量は、b_1 の値を（推定）標準誤差で割った、

$$t=\frac{b_1}{\hat{D}[b_1]} \tag{2.12}$$

であり、$H_0:\beta_1=0$ という帰無仮説のもとでは、この値は自由度 $n-2$ の t 分布に従うためt値と呼ばれる。帰無仮説 H_0 が成立するとき、つまり $\beta_1=$

0が正しければt値は0付近の値となるので、t値の絶対値が大きければ帰無仮説が棄却されることになる。

その基準として用いられるのが有意水準であり、t 分布の両裾の確率が α となる値を α 有意水準と呼ぶ。この値を t_α と表すと、

$$|t| = \frac{|b_1|}{\hat{D}[b_1]} > t_\alpha \qquad (2.13)$$

となる確率はたかだか α であるから、この式が満たされるときに帰無仮説は棄却される。この t_α の値については、($n-2=8$ のとき)、99%有意水準で $t_{0.99}=2.896$、90%有意水準で $t_{0.90}=1.397$ などが利用される。表2.3では「keika」のt欄の値5.49009がt値であり、この場合には帰無仮説は99%水準で棄却されるので、b_1は(0とはいえないので)意味のある推定値である。

p値とは、t 分布において求められたt値の値を実現値が超えてしまう確率のことであり、有意確率とも呼ばれる。慣習的には、p値が5%以下であれば「仮説 H_0は有意である」、1%以下であれば「仮説 H_0は高度に有意である」といわれる。

(3) b_1の信頼区間

β_1と、その推定値である b_1が一致する保証はない。そこで、b_1に特定区間に入る確率($1-\alpha$)を定めて、その区間を推定したものが区間推定であり、信頼率($1-\alpha$)×100%の信頼区間とも呼ばれる。

$\beta_1 \neq 0$ という条件のもとで、(2.13) 式より

$$\frac{|b_1-\beta_1|}{\hat{D}[b_1]} \leq t_\alpha$$

となるから、

$$\beta_1 - t_\alpha \hat{D}[b_1] \leq b_1 \leq \beta_1 + t_\alpha \hat{D}[b_1]$$

であり、($1-\alpha$) の確率で β_1が含まれる区間は

$$b_1 - t_\alpha \hat{D}[b_1] \leq \beta_1 \leq b_1 + t_\alpha \hat{D}[b_1] \qquad (2.14)$$

で与えられる。表2.3では「keika」の下限95%欄の値0.0138646が95%の信頼区間の下限値、上限95%欄の値0.0306981が95%の信頼区間の上限値を

示している。

(4) 残差分析

これまで、回帰分析の計算方法と各種指標について説明してきた。しかし、ここで注意が必要なのは、ここで求めたモデルはあくまで仮定された単回帰モデルの前提条件を満たすときにはじめて成り立つという点である。単回帰モデルでは、分析に用いられるデータが母集団からの無作為抽出であることと、単回帰モデルを

$$y_i = \beta_0 + \beta_1 x_i + \varepsilon_i$$

と表した場合、残差 ε_i の確率分布に以下のような仮定が置かれていることを忘れてはならない。したがって、実際のデータ解析ではそれらの仮定が満たされているかどうかの検定や診断を繰り返しながらモデル構築を図ることになる。

まず、残差 ε_i の確率分布に関する仮定として

仮定1　不偏性　$E[\varepsilon_i] = 0$
残差 ε_i の期待値は常に0

仮定2　等分散性　$V[\varepsilon_i] = \sigma^2$
残差 ε_i の分散は観測時点とは無関係

仮定3　残差の系列無相関性　$E[\varepsilon_i \varepsilon_j] = 0, i \neq j$
異なる時点の残差 ε_i は互いに無相関

仮定4　説明変数と残差の無相関性　$E[\varepsilon_i (x_i - E[x_i])] = 0$
説明変数と残差は互いに独立

仮定5　正規性
残差 ε_i は正規分布に従う

仮定1～仮定4までが満たされているとき、「標準的な回帰モデル」といわれ、仮定1～仮定5までが満たされているときに「標準的な正規回帰モデル」と呼ばれる。

次に、回帰分析を診断するための1つの手段として用いられる残差－予測プロット図について概説する。残差－予測プロット図とは、横軸に予測値

$\hat{y}$、縦軸に残差をとってプロットしたものであり、残差の振る舞いを調べることを目的としたものである。図からは、全体的なばらつきのパターンについて、以下のような関係が成立しているかを直感的に検証することができる。

① 残差の平均値は0

② 残差と予測値 $\hat{y}$ は無相関

③ 外れ値は存在しない

もしこの図のなかになんらかのパターンが見出せるなら、「本来は曲線で表すべきモデルに直線を当てはめた」というようなモデル選択上の問題や、モデルの前提条件が成り立っていないということが考えられる。

演習2．2　Excelによって、例題2．2を確認せよ。

2．1．3　ロジスティック分析

ロジスティック分析は、値として0～1の範囲に収まる必要があるデフォルト率の推定に際し、デフォルト率を回帰分析のような何かのファクターの線形結合で表現したい場合に利用される。

ここで、デフォルト率を経過月数で説明する、きわめてシンプルなロジスティック・モデルを考える。すなわち、デフォルト率を目的変数（p）、経過月数を説明変数（x_i）とし、デフォルト率の推定値を、

$$p = \frac{1}{1 + \exp\{-(b_0 + b_1 x)\}} \tag{2.15}$$

の連結関数で表す。一般化線形モデルでは連結関数の逆関数を利用する必要があるので、逆関数が解析的に求められることが望ましい。そこで、

$\log\frac{p}{1-p}$を目的変数として

$$\log\frac{p}{1-p} = b_0 + b_1 x_i \tag{2.16}$$

表２．５　デフォルト率と経過月数のロジスティク回帰モデル

概要

回帰統計	
重相関 R	0.893335
重決定 R^2	0.798048
補正 R^2	0.788431
標準誤差	0.460235
観測数	23

分散分析表

	自由度	変動	分散	観測された分散比	有意 F
回帰	1	17.57757	17.57757	82.98497	9.66E-09
残差	21	4.448141	0.211816		
合計	22	22.02571			

	係数	標準誤差	t	p 値	下限95%	上限95%
切片	−3.32551	0.198366	−16.7645	1.24E-13	−3.73804	−2.91298
Keika	0.131792	0.014467	9.109608	9.66E-09	0.101705	0.161879

で回帰分析を行う。このようなモデルがロジスティック回帰モデルである。なお、p に対するこのような対数変換をロジット変換という。

例題２．２を、目的変数をロジット変換してロジスティック分析をしたケースが表２．５であり、デフォルト率と推定したデフォルト率を表したものが図２．４である。

これらの関係をみてみると、切片項の p 値は1.24E－13であるので、

帰無仮説 H_0：「切片項は０である」

は、５％有意水準で棄却でき、また、経過月数 x_i の p 値は9.66E－09であり、５％有意水準で

帰無仮説 H_0：「経過月数 x_i の傾きは０である」

は棄却される。したがって、このデータをもとにしたロジスティック分析のモデルは、

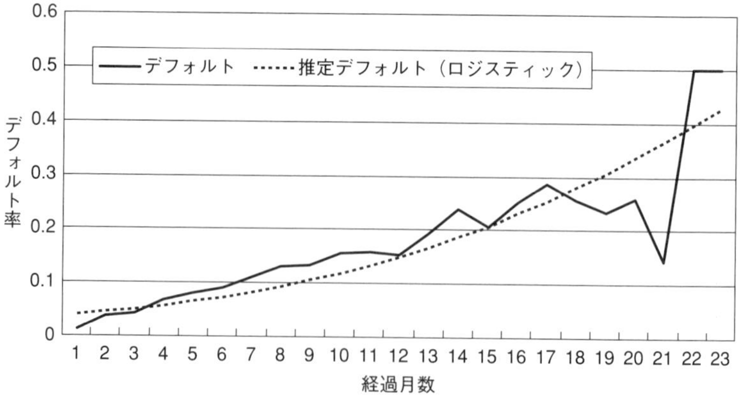

図2．4　デフォルト率と推定したデフォルト率

$$\hat{p}_i = \frac{1}{1 + e^{3.32551 - 0.131792x_i}}$$

となる。

演習2．3　Excelによって、例題2．2からロジスティック分析を確認せよ。

2．1．4　判別分析

グループの存在がわかっていて、すでに収集されているデータに基づいて新しいデータがどのグループに属するかを予測するのが判別分析である（これに対し観測されているデータに基づいてグループ分けするのは分類といい、後述のクラスター分析等があげられる）。ここでは、2値変数の代表としてデフォルトするとデフォルトしないという2つの局面を想定する。そして、デフォルトしているグループと正常なグループとを比較し、それらにリスク・ファクターなどからみた差異があることが説明できれば、デフォルトするグループか、正常なグループかの予測が可能であると考えるのである。

判別分析を行うためには、

① マハラノビスの距離

② 線形判別関数による判別

などという方法が適用される。判別得点は線形判別関数による判別のときに用いられる。

(1) マハラノビスの距離

マハラノビスの距離による判定では、グループ１の重心までの距離とグループ２の重心までの距離としてマハラノビスの距離 $D_1^2(x_1, x_2, \cdots, x_n)$ と $D_2^2(x_1, x_2, \cdots, x_n)$ を計算し

$D_1^2(x_1, x_2, \cdots, x_n) < D_2^2(x_1, x_2, \cdots, x_n) \Rightarrow$ グループ１に属する

$D_1^2(x_1, x_2, \cdots, x_n) > D_2^2(x_1, x_2, \cdots, x_n) \Rightarrow$ グループ２に属する

と判定する。

(2) 線形判別関数による判別

線形判別関数

$$z = a_1x_1 + a_2x_2 + \cdots + a_nx_n + a_0$$

にデータ $(x_1, x_2, \cdots, x_n)$ を代入した値をそのデータの判別得点といい、その値が正か負かによってグループを判定する。

例題２．３

デフォルトしているか正常かのグループと、リスク・ファクター x_1, x_2 となんらかの関係があるのかについて判別分析を実行したケースを考える。

判別分析は回帰分析と同様に、目的変数と説明変数に分かれ、デフォルトするか正常かのグループを表す質的変数が目的変数、リスク・ファクターなどのグループの判別に使う量的変数が説明変数となる。目的変数が質的変数になっていることが回帰分析との違いとなっているが、目的変数を数値化すれば重回帰分析で処理することが可能となる。そこで、

グループ１（デフォルト）$\Rightarrow 1$

グループ２（正常）　　　$\Rightarrow 0$

と数値化し、重回帰分析を行い回帰式から求められた $\hat{y}_i$ の値を用い判別を行う。

$$\hat{y}_i = b_0 + b_1 x_1 + b_2 x_2$$

判別は、グループ１のデータ数を n_1、グループ２を n_2で、

$$c = \frac{n_1}{n_1 + n_2}$$

の場合に、$\hat{y}_i \geq c$ ならばグループ１、$\hat{y}_i < c$ ならばグループ２と判別する。

ここで、各グループのデータ数 n_1、n_2が変化すると c も変化してしまうので、c が０になるように目的変数の数値化を工夫する。

グループ１の数値化した目的変数 $y = 1$

グループ２の数値化した目的変数 $y = -\frac{n_1}{n_2}$

とすると y の平均値が０になるため、回帰式から求めた $\hat{y}$ の値が正か負かで判別できる。

Excel で「ツール（T)」⇒「分析ツール（D)」を指定すると、データ分析画面が表れるので、「回帰分析」を指定し、OK ボタンを押す。「回帰分析」の画面が表示されるので、「入力 Y 範囲（Y)」にリスク・ファクター x_1, x_2 の説明変数を指定、「入力 X 範囲（X)」に数値化した目的変数を指定、さらに分析結果の出力先を指定する。

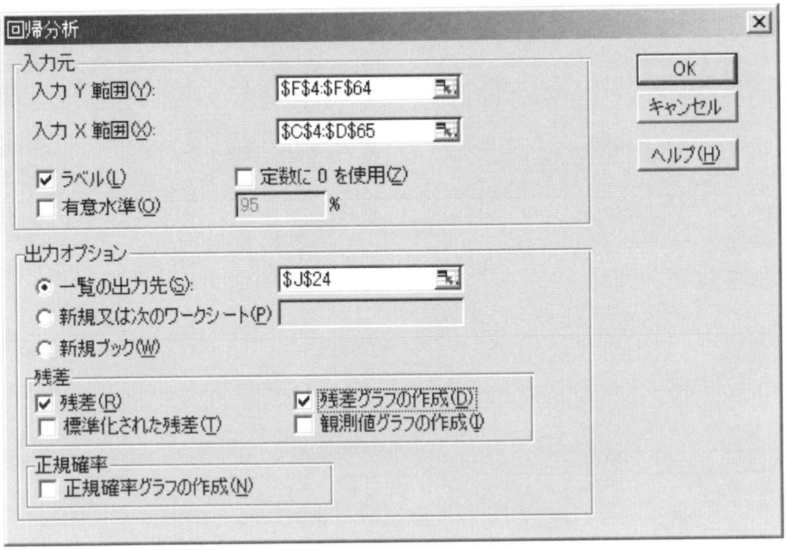

例題２．３で重回帰分析を適用したケースが表２．６である。この結果、デフォルトとリスク・ファクター x_1, x_2 との間には、

$$\hat{y} = -2.623646 + 0.01684297x_1 + 0.075206x_2$$

という関係があることがわかる。

これらの関係をみてみると、切片項のｐ値は1.0346E－15あるので、

帰無仮説 H_0：「切片項は０である」

は、５％有意水準で棄却でき、また、リスク・ファクター x_1 のｐ値は1.85E－13、リスク・ファクター x_2 のｐ値は3.2238E－06であり、いずれも５％有意水準で

帰無仮説 H_0：「リスク・ファクター x の傾きは０である」

は棄却される。

この回帰式において、算定された $\hat{y}$ が正ならばデフォルト、$\hat{y}$ が負ならば正常と判別できる（表２．７）。

演習２．４　Excel によって、例題２．３を確認せよ。

表2.6　デフォルトとリスク・ファクター x_1, x_2の重回帰モデル

概要

回帰統計	
重相関R	0.83865246
重決定 R^2	0.70333794
補正 R^2	0.69292875
標準誤差	0.55881647
観測数	60

分散分析表

	自由度	変動	分散	観測された分散比	有意F
回帰	2	42.2002766	21.1001383	67.5689083	9.1089E-16
残差	57	17.7997234	0.31227585		
合計	59	60			

	係数	標準誤差	t	p値	下限95%	上限95%
切片	−2.623646	0.23860901	−10.995586	1.0346E-15	−3.1014523	−2.1458397
x_1	0.01684297	0.00176036	9.56793714	1.85E-13	0.01331792	0.02036802
x_2	0.075206	0.01456866	5.16217729	3.2238E-06	0.04603276	0.10437924

2.2　デフォルト認識と実際にデフォルトするまでの期間

標準的手法基準も内部格付手法基準も、実際にはデフォルトしていない企業についてデフォルトとして扱うことから、デフォルト確率はきわめて高めに予測される。ここで、標準的手法基準あるいは内部格付手法基準によってデフォルトと認識された取引先が、実際にデフォルトするまでの期間について確認する。

この期間について分析することで、標準的手法基準、内部格付手法基準による「保守的評価のためのデフォルト」が、先行指標としてどのぐらいの説明力をもっているのかについて調べることができる。

表2.7　判別結果

No.	x_1	x_2	状態	状態	予想値	判定
1	36	2	正常	−1	−1.867	正常
2	36	4	正常	−1	−1.716	正常
3	52	10	正常	−1	−0.996	正常
4	60	2	正常	−1	−1.463	正常
5	60	3	正常	−1	−1.387	正常
6	60	4	正常	−1	−1.312	正常
7	60	5	正常	−1	−1.237	正常
8	60	7	正常	−1	−1.087	正常
9	72	5	正常	−1	−1.035	正常
10	84	2	正常	−1	−1.058	正常
11	84	5	正常	−1	−0.833	正常
12	84	6	正常	−1	−0.758	正常
13	84	8	正常	−1	−0.607	正常
14	96	1	正常	−1	−0.932	正常
15	96	5	正常	−1	−0.631	正常
16	96	8	正常	−1	−0.405	正常
17	96	9	正常	−1	−0.33	正常
18	108	6	正常	−1	−0.353	正常
19	108	10	正常	−1	−0.053	正常
20	116	6	正常	−1	−0.219	正常
21	120	2	正常	−1	−0.452	正常
22	120	3	正常	−1	−0.377	正常
23	120	4	正常	−1	−0.302	正常
24	120	5	正常	−1	−0.226	正常
25	120	6	正常	−1	−0.151	正常
26	120	6	正常	−1	−0.151	正常
27	120	6	正常	−1	−0.151	正常
28	122	2	正常	−1	−0.418	正常
29	122	3	正常	−1	−0.343	正常
30	132	2	正常	−1	−0.25	正常

No.	x_1	x_2	状態	状態	予想値	判定
31	110	20	デフォルト	1	0.7332	デフォルト
32	120	6	デフォルト	1	−0.151	正常
33	120	21	デフォルト	1	0.9768	デフォルト
34	120	21	デフォルト	1	0.9768	デフォルト
35	120	21	デフォルト	1	0.9768	デフォルト
36	132	6	デフォルト	1	0.0509	デフォルト
37	132	7	デフォルト	1	0.1261	デフォルト
38	132	12	デフォルト	1	0.5021	デフォルト
39	132	18	デフォルト	1	0.9533	デフォルト
40	138	6	デフォルト	1	0.1519	デフォルト
41	144	6	デフォルト	1	0.253	デフォルト
42	144	7	デフォルト	1	0.3282	デフォルト
43	144	11	デフォルト	1	0.629	デフォルト
44	144	11	デフォルト	1	0.629	デフォルト
45	144	13	デフォルト	1	0.7794	デフォルト
46	150	3	デフォルト	1	0.1284	デフォルト
47	155	9	デフォルト	1	0.6639	デフォルト
48	156	3	デフォルト	1	0.2295	デフォルト
49	156	9	デフォルト	1	0.6807	デフォルト
50	156	12	デフォルト	1	0.9063	デフォルト
51	180	17	デフォルト	1	1.6866	デフォルト
52	185	3	デフォルト	1	0.7179	デフォルト
53	186	7	デフォルト	1	1.0356	デフォルト
54	186	9	デフォルト	1	1.186	デフォルト
55	190	6	デフォルト	1	1.0278	デフォルト
56	190	8	デフォルト	1	1.1782	デフォルト
57	191	4	デフォルト	1	0.8942	デフォルト
58	191	4	デフォルト	1	0.8942	デフォルト
59	191	7	デフォルト	1	1.1198	デフォルト
60	192	3	デフォルト	1	0.8358	デフォルト

方法としては、標準的手法基準、内部格付手法基準による「保守的評価のためのデフォルト」として認識された取引先のうち、実際にデフォルトした取引先をスクリーニングする。そして、最初に「保守的評価のためのデフォルト」として認識された時点 $\tau^{(S)}$ と、実際にデフォルトした時点 τ までの期間（月数）$\delta=\tau-\tau^{(S)}$ の分布を推定する。

Excel で「ツール（T)」⇒「分析ツール（D)」を指定すると、データ分析画面が表れるので、「基本統計量」を指定し、OK ボタンを押す。「基本統計量」の画面が表示されるので、「入力範囲（I)」に保守的評価のためのデフォルトとして認識された時点と実際にデフォルトした時点までの期間のデータとを指定、統計情報にチェックをし、さらに分析結果の出力先を指定する。

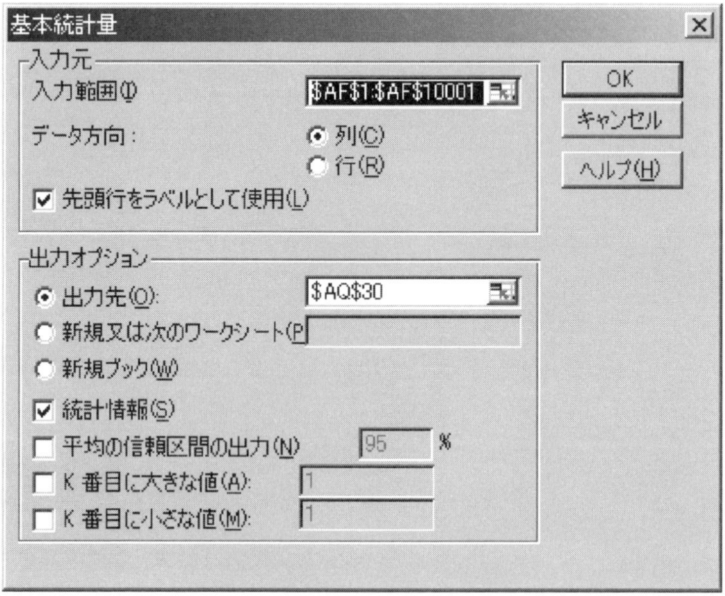

Excel で「ツール（T)」⇒「分析ツール（D)」を指定すると、データ分析画面が表れるので、「ヒストグラム」を指定し、OK ボタンを押す。「ヒストグラム」の画面が表示されるので、「入力範囲（I)」に保守的評価のための

デフォルトとして認識された時点と実際にデフォルトした時点までの期間のデータとを指定、「データ区間（B)」は基本統計量の出力結果を参考にあらかじめ作成したデータ区間範囲を指定（データ区間を省略した場合は、データの最小値と最大値の間を均等に区切ったデータ区間が自動的に作成される）し、さらに分析結果の出力先を指定する。

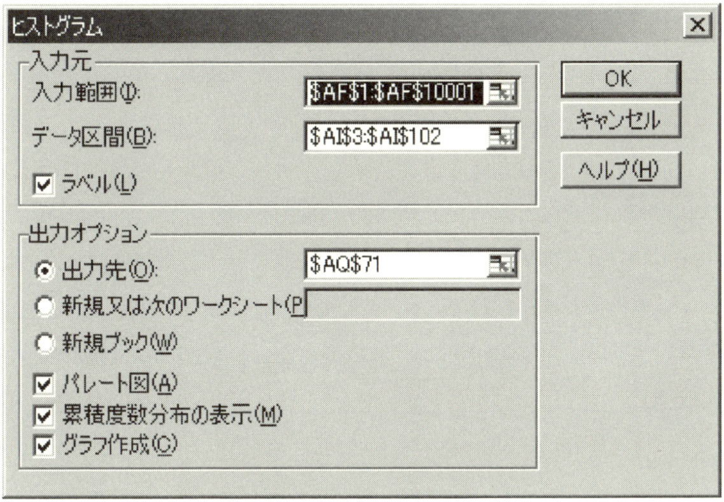

表2．8はダミーデータを用いて基本統計量を出力した結果であり、図2．5はヒストグラムの分析結果から、保守的評価のためのデフォルトとして認識された時点と実際にデフォルトした時点までの期間をプロットしたものである。

これらのデータ分析の結果として、保守的評価のためのデフォルト認識基準によるデフォルトの認識時点 $\tau^{(s)}$ から実際のデフォルト時点 τ までの期間 $\delta=\tau-\tau^{(s)}$ は、平均で約10.43カ月である。また、その中央値は2カ月であり、保守的評価のためのデフォルト認識基準が出てから、比較的短期間のうちにデフォルトしており、これらの保守的評価のためのデフォルト認識基準が「保守性」という面からは有効な指標となっていることを確認することができる。

表２．８　基本統計量の出力結果

月　数	
平均	10.4315
標準誤差	0.184938
中央値（メジアン）	2
最頻値（モード）	0
標準偏差	18.49375
分散	342.0189
尖度	5.395712
歪度	2.393238
範囲	108
最小	0
最大	108
合計	104315
標本数	10000

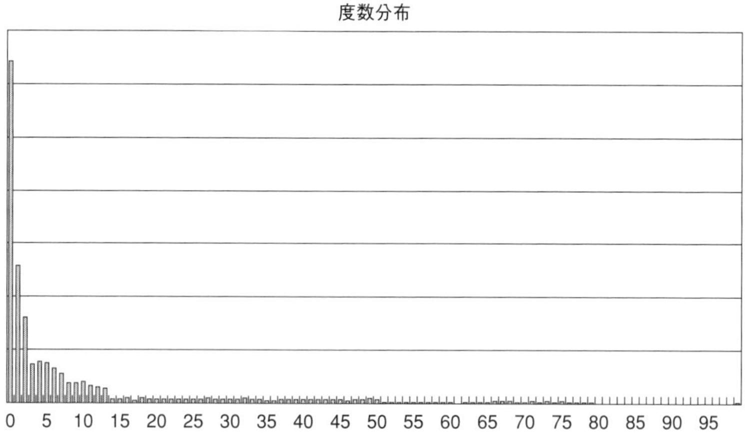

図２．５　保守的評価のためのデフォルトとして認識された時点と実際にデフォルトした時点までの期間

2.3 まとめ

この章では、バーゼルⅡの評価に必要な統計手法について概説した。デフォルト率は、0～1の範囲で与えられる量的変数であり、これらを取り扱うには生存解析（生存統計）と呼ばれる分野の知識が不可欠である。これらについては、Excelの分析ツールだけでは対応できないことも多いので、統計分析ツールを活用することになる。一方、統計は過去のデータは説明できても、将来の推定値はあくまでも過去と同じ現象が起きるということが前提となって求められる。したがって、過去と違う現象が起きた場合には、統計モデルによる推定値は意味をもたないことがあるので注意が必要である。

第 3 章

データの時系列分析

デフォルト率などの分析では、データの観測時点によって特性が異なる理由をリスク・ファクターによってとらえることが重要となる。こうしたリスク・ファクターには、景気などのマクロ経済要因、顧客属性などのデータとして把握できるものがある。一方、金融商品固有の特性、金融機関の「キャンペーン」などの政策によって母集団が変わる影響、格付運用ルールの変更などによりデフォルトの認識基準の相違というような、データとして計量することがむずかしい要因も多々ある。また、顧客属性にしても、ローン設定時の情報しかなく、時系列的な顧客属性変化を追うことができないケースが多い。この章では、こうしたデータの時系列的な特性を分析する手法について検討する。

3.1　時系列データの特徴

時系列データの分析をする場合には、以下のような観点で、まずデータの特性を把握することが重要となる。

① 時点変化のパターン

② 時系列データ間の関係

③ 時系列データの期間構造

たとえば、ローンの貸出残高について分析しようとする場合、ローンの新規設定は、設定時の金利、マクロ経済要因、取引先の固有要因によって影響を受ける。また、金融機関の「乗り換えキャンペーン」「優遇金利キャンペーン」などの政策によっても影響を受ける。ローンの新規貸出金額や貸出残高の時系列的な推移を分析することによって、モデル化のなかで考えなければならないリスク要因やデータとしての有効性について検討するのが最初の課題である。検討するローンの貸出残高に関する時系列データとしてあげられるのは、

① 貸出残件数（残高）の推移

② 平均貸出残高の推移

③　貸出残件数（残高）比率（前月比・前年比）の推移

④　最高貸出残高の推移

⑤　貸出残高の標準偏差の推移

⑥　新規貸出件数（金額）の推移

⑦　新規平均貸出の推移

⑧　新規貸出件数（金額）比率（前月比・前年比）の推移

⑨　新規最高貸出高の推移

⑩　新規貸出高の標準偏差の推移

などがある。

3.2　時系列データの構成要素

時系列データは、以下のような4つの変動成分によって合成されているといわれる。

①　傾向変動（$T(t)$）……上昇もしくは下降などの方向性（トレンド）を持続する長期的、傾向的な変動。時間軸上の単純な線形や非線形の関数で表現。

②　循環変動（$C(t)$）……トレンドのまわりで上下する変動であり、一般には、周期が定まっていない循環的変動であり、景気変動などがこれに当たる。

③　季節変動（$S(t)$）……季節によって左右される1年や月を周期として規則的に繰り返される変動。

④　不規則変動（$\varepsilon(t)$）……上記以外の説明のつかない不規則かつ短期間の上下に起こるランダムノイズ（期待値は0と仮定）。

このような変動成分を利用し、時系列データを傾向変動（T）、循環変動（C）、季節変動（S）、不規則変動（ε）の4つの変動成分の合成だと考える。時系列データの系列を、時間tの関数として$D(t)$で表す。このとき、時系列データ$D(t)$は、成分の和で表現する「加法モデル」や、成分の積で表す「乗法モデル」で説明される。

① 加法モデル

$D(t)=T(t)+C(t)+S(t)+\varepsilon(t)$

② 乗法モデル

$D(t)=T(t)\times C(t)\times S(t)\times\varepsilon(t)$

時系列データを分析するには、まず、時系列データを時間軸にプロットし、変化のパターンからデータ系列を構成する成分に関して仮説を立てることから始まる。

例題3.1 新規貸出件数の時系列推移

図3.1はローンの新規貸出件数の時系列データをプロットしたものである。3月の新規貸出件数が1年のなかで一番多くなっているという季節変動がみられる。また、季節変動の振幅の大きさがトレンドとともに増加していないことから、加法モデルと考えられる。平成14年2月以降急激に件数が増えているのは、単に時間軸上の推移以外に何かその変動を誘発する要因、たとえば「キャンペーン」などの政策があったためと考えられる。

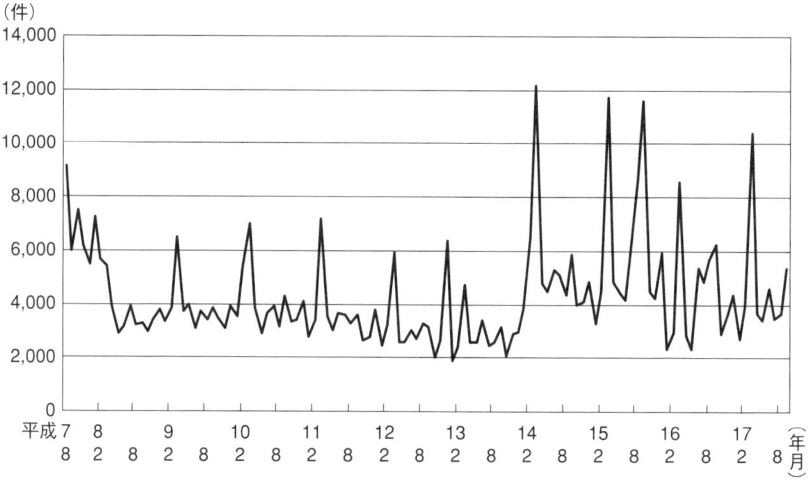

図3.1 新規貸出件数の時系列推移

3．3　移動平均

例題3．1に示した新規貸出件数の時系列推移データには、季節変動や不規則変動（ノイズ）が含まれている。こうした要因を取り除き、トレンド性などの時系列データのパターンを読み取るための方法として、移動平均がよく用いられる。移動平均とは、局所的な平均をとることで季節性とノイズを消去し、平滑化（スムージング）して傾向を把握する方法である。

例題3．2　日次データ $D(t)$ のトレンド分析

ここで、日次データ $D(t)$ が与えられているとき、そのデータに上昇トレンドがあるかどうかについて検討する。ここでは1年を365日とし、365日移動平均データ $Y(t)$ を以下の式で計算する。

$$Y(t)=\frac{1}{365}\sum_{i=t-364}^{t}D(i)$$

次に、365日移動平均データ $Y(t)$ と時間 t との間に

$$Y(t)=\beta t+\alpha+\varepsilon_t$$

という回帰モデルを想定し、β の値が有意に正の値をとれば上昇トレンドが、β の値が有意に負の値をとれば下降トレンドがあるものと判断する。回帰分析の結果から、

帰無仮説 H_0：「トレンドを表す β の傾きは0である」

をp値によって検定し、たとえばp値が0.0001であればこの仮説は棄却され、日次データ $D(t)$ にはトレンド性があると判断される（回帰分析については第2章を参照）。

演習3．1　与えられたデータについて、トレンド性があるかについて検討せよ。

3.4　自己回帰性（AR(1)モデル）

日々のデータ $D(t)$ には自己相関があると考えられる場合、その自己回帰性についてAR(1)モデルによって検証する。データの最終観測時点（利用可能なデータ数）を T とし、全期間の平均値 $\bar{D}$ を

$$\bar{D}=\frac{1}{T}\sum_{t=1}^{T}D(t)$$

で定義する。ここで、日々のデータ $D(t)$ と全期間平均 $\bar{D}$ の乖離 $X(t)$ を

$$X_t=D(t)-\bar{D}$$

で表す。この乖離 X_t が、以下の平均回帰型の確率微分方程式に従うと仮定する。

$$dX_t=(\mu_X-\lambda_X X_{t-1})dt+\sigma_X dw_t$$

離散形で表現すると、

$$X_t-X_{t-1}=(\mu_X-\lambda_X X_{t-1})+\sigma_X\sqrt{\Delta t}\varepsilon_t$$

となり、$\Delta t=1$ であるので、

$$X_t=(1-\lambda_X)X_{t-1}+\mu_X+\sigma_X\varepsilon_t$$

が得られる。ここで、X_t を被説明変数、X_{t-1}を説明変数とした場合の単回帰モデルのパラメータを推定すると、たとえば

$$X_t=0.4203688X_{t-1}-0.000058+\sigma_X\varepsilon_t$$

となり、乖離 $X(t)$ は前期の乖離 $X(t-1)$ に依存するAR(1)モデルで表現される。また、切片 μ_X 項のp値によって、

帰無仮説 H_0：「切片項は0である」

を検証し、切片項 μ_X の有意性を調べる。次に、トレンドを表す（$1-\lambda_X$）のp値によって、

帰無仮説 H_0：「トレンドを表す（$1-\lambda_X$）の傾きは0である」

を検定し、トレンドの有意性を調べる。仮に、この帰無仮説 H_0が棄却できる場合（p値が0.05より小さい）、乖離 $X(t)$ は自己相関をもつということになる。

演習3.2 与えられたデータについて、自己回帰性があるかについて検討せよ。

3.5 数量化I類による外部要因の除去

格付は企業の信用力を表したものであるが、それは質的変数である。また、年度を単位としてデータを観測した場合、年度という変数についても質的変数と考えることができる。格付別・観測時点別PD（量的変数）を、格付別と年度という質的変数で表す方法が、数量化I類である。

格付を$i(i=1,2,\cdots,N)$、観測時点を$j(j=1,2,\cdots,T)$とし、格付別・観測時点別の実績PDの値を$p(i,j)$で表す。格付別・観測時点別PDは、格付iと観測時点jによって説明できると仮定し、数量化I類で以下のモデルを想定する。

$$\begin{aligned}\ln(p(i,j)) &= a + b_1\times 1_{\{i=1\}} + b_2\times 1_{\{i=2\}} + \cdots + b_{N-1}\times 1_{\{i=N-1\}} \\ &\quad + c_1\times 1_{\{j=1\}} + c_2\times 1_{\{j=2\}} + \cdots + c_{T-1}\times 1_{\{j=T-1\}} + \varepsilon(i,j) \\ &= a + \sum_{k=1}^{N-1} b_k\times 1_{\{k=i\}} + \sum_{l=1}^{T-1} c_l\times 1_{\{l=j\}} + \varepsilon(i,j)\end{aligned}$$

なお、$1_{\{\cdot\}}$は$\{\cdot\}$が真であるとき1、偽であるとき0の値を返す定義関数であり、この関数により実績PD $p(i,j)$と格付i、観測時点jを対応づけている。

$$1_{\{k=i\}} = \begin{cases} 1 & \text{if} \quad k=i \\ 0 & \text{if} \quad k\neq i \end{cases}$$

また、$\varepsilon(i,j)$は誤差項である。

この式には、$j=T$の観測時点が含まれていない。これは、観測時点Tを基準にパラメータが推定されたためであり、他の観測時点($j=1,2,\cdots,T-1$)はこれを修正する形で計算されている。

外部環境要因は観測時点と切片項に現れていると仮定すると、外部要因の影響度$e(j)$は

$$e(j) = \exp(a + c_j)$$

で計測することができる。外部要因の平均値を $\overline{e}$ とすると、平均値で基準化した後の外部要因の影響度 $\hat{e}(j)$ は、

$$\hat{e}(j) = \frac{e(j)}{\overline{e}}$$

で計算される。

次に、外部要因控除後の観測時点別の実績 PD 値 $\tilde{p}(i,j)$ を以下の式で求める。

$$\tilde{p}(i,j) = \frac{p(i,j)}{\hat{e}(j)}$$

このように、数量化Ⅰ類を用いて PD 推定から外部要因を控除し、格付の影響のみに着目することもできる。

演習3.3 与えられたデータについて、外部要因控除後の観測時点別の実績 PD 値を推定せよ。

3.6 まとめ

バーゼルⅡなどのパラメータを推定する際、データの特性を仔細に分析する必要があるが、それはリスク・ファクターを明らかにすることを目的としたものである。リスク・ファクターには、景気などのマクロ経済要因、顧客属性などのデータとして把握できるものもあるが、金融商品固有の特性、金融機関の政策などによって、データの特性が変わってしまうこともある。分析の初期の段階で、こうした状況把握をするためにもデータの時系列的な分析は重要である。また、データを解析するにはトレンド性の除去などが必要となる場合もあり、移動平均や情報化Ⅰ類などの手法が用いられる。

第 4 章

分布の差異分析

標準的手法基準、および内部格付手法基準によるデフォルト認識基準は、実際のデフォルトよりも保守的であり、デフォルト確率も高めに推定される。この章では、プール間の比較分析などの局面で必要となる、分布の差異分析について検討する。

4.1 正規性の分析

デフォルトなどの分布特性の比較をするためには、まず、分布の正規性の検定が必要となる。これは、ある時期のデータによって、2つのプールの比較をするには、各プールのデータ母集団が正規分布に従うかによって比較分析の観点が異なるためである。したがって、まず分布の正規性の検定を行い、利用する統計的推論の手法を決定する。2つのプールを比較するには、

① 2つの母集団の平均が等しいか、等しくないかについての比較

② 2つの確率分布が同じか、あるいは確率的に大あるいは小であるという比較

という2つの観点がある。

まず、以下のような仮説検定を定義する。

帰無仮説 H_0：母集団分布が正規分布である

対立仮説 H_1：母集団分布が正規分布に従わない

次に、これらの仮説に対し、p値によって検定を行う。p値とは、帰無仮説 H_0が正しいのに、誤って帰無仮説 H_0を棄却してしまうという誤りを起こす（第一種の誤り）確率である。この誤りが起こる確率が有意水準 α であり、この値をどの程度にまで押さえ込めばよいのかという水準を定め、標本の偏りやばらつきによって結論の誤りが起こる確率がそれ以下であれば、命題が支持されたと判断する。一方、第二種の誤りとは、帰無仮説 H_0が正しくないにもかかわらず、この仮説 H_0を採用してしまう誤りのことであり、この誤りが起こる確率を β で表す。「第一種の誤り」と、「第二種の誤り」の関係を図で示すと、図4.1のようになる。

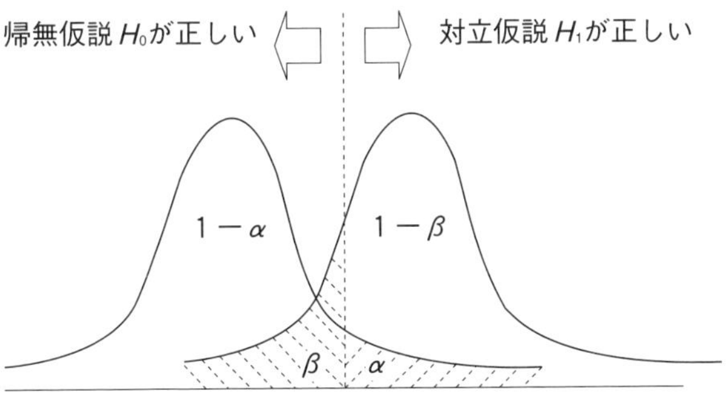

図４．１　「第一種の誤り」と、「第二種の誤り」の関係

実際のデフォルト率の分布が正規分布に従っているかを検証するには、シャピロ・ウイルク（Shapiro-Wilk）の検定などの方法によって正規性を分析する。シャピロ・ウイルク検定では、

帰無仮説H_0：母集団分布が正規分布である

対立仮説H_1：母集団分布が正規分布に従わない

という仮説をシャピロ・ウイルクのW統計量の値によって判断する。表４．１は、実際のデフォルト確率の各種統計値の例（JMPの出力例[1]）であるが、シャピロ・ウイルクのW統計量の値は0.962817、p値は0.0020となっている。したがって、「母集団分布が正規分布である」という帰無仮説H_0が棄却できる。よって、この帰無仮説H_0は採択されず、実際のデフォルト確率は正規分布に従うとして議論を展開することができない。なお、p値は、第一種の誤りが発生する確率であり、p値が0.0020ということは、帰無仮説H_0が正しいのに、誤って帰無仮説H_0を棄却してしまうという誤りを起こす確率が0.20%あるということである。したがって、この基準値である有意水準を５%とすると、

$$p値 = 0.0020 < 0.05$$

であるので、帰無仮説H_0が棄却できると判断される。検出力（検定力）という面でこのP値の水準をみてみると、かなり小さな値といえるので、統

1　JMPは、SAS Institute Inc.の登録商標。

表４．１　実際のデフォルト確率の、正規性の検定

正規の当てはめ

パラメータ推定値

種類パラメータ	推定値	下側95%信頼限界	上側95%信頼限界
位置 Mu	0.0329273	0.0311961	0.0346585
ばらつき Sigma	0.0096183	0.0085401	0.0110104

適合度検定

Shapiro-Wilk の W 検定

W	p 値（Prob＜W）
0.962817	0.0020

計値という観点からは、正規分布を仮定することはできないということがわかる。

また、Excel では2.2節で述べた「ツール（T)」⇒「分析ツール（D)」⇒「基本統計量」の値から、正規分布に似た形であるかを、ある程度、判断をすることも可能である。

n 個のデータ（標本）$x_1, x_2, \cdots, x_n$ に対して

$$\bar{x} = \frac{1}{n}\sum_{i=1}^{n} x_i \qquad (4.1)$$

を標本平均と呼ぶ。無作為抽出の場合にはどの標本も等確率で（独立に）選ばれたと考えられるから、どの標本 x_i も重みは同じである。この重みを確率と考えれば、標本平均（４．１）式は実現値 x_i の生起確率が $1/n$ である場合の平均に相当する。

次に、n 個の標本 $x_1, x_2, \cdots, x_n$ に対して

$$\sigma^2 = \frac{1}{n}\sum_{i=1}^{n}(x_i - \bar{x})^2 = \frac{1}{n}\sum_{i=1}^{n} x_i^2 - \bar{x}^2 \qquad (4.2)$$

を標本分散、標本分散の平方根 $\sigma = \sqrt{\sigma^2}$ を標本標準偏差と呼ぶ。標本分散は実現値 x_i の生起確率が $1/n$ である場合の分散に相当する。標本分散は標本データのばらつきを測る尺度として利用される。標本分散（４．２）式は統計的性質があまりよくないことが知られており（不偏推定値とはならな

い)、このため実務では以下の不偏標本分散を利用することが多い。

$$\hat{\sigma}^2=\frac{1}{n-1}\sum_{i=1}^{n}(x_i-\bar{x})^2=\frac{1}{n-1}\sum_{i=1}^{n}x_i^2-\frac{n}{n-1}\bar{x}^2 \qquad (4.3)$$

標本分散との差は n のかわりに $n-1$ で割ったことだけであり、

$$\sigma^2=\frac{n-1}{n}\hat{\sigma}^2$$

という関係が成立する。したがって、標本数 n が十分大きいときには両者の差はほとんどない。不偏標本分散の平方根を不偏標本標準偏差という。

分散は平均回りの２次のモーメントである。平均回りの k 次の（不偏）モーメントは

$$m_k=\frac{1}{n-1}\sum_{i=1}^{n}(x_i-\bar{x})^k$$

で与えられる。特に、３次モーメントを標準偏差で基準化したもの

$$k_3=\frac{m_3}{\sigma^3}=\frac{1}{n-1}\sum_{i=1}^{n}\left(\frac{x_i-\bar{x}}{\sigma}\right)^3 \qquad (4.4)$$

を標本歪度と呼び、標本分布の対称性の度合いを表す尺度である。標本分布が左右対称ならば $k_3=0$、分布の裾が右に尾を引いていれば $k_3>0$、逆に左に尾を引いていれば $k_3<0$ となる。「基本統計量」に示される歪度は、平均からどちら側が歪んでいるかを測ったものであり、正の値のときには右に歪み、負の値のときには左に歪む。図４．２は、この標本歪度 k_3 と分布の形状を示したものである。正規分布は左右対称な分布であるので、$k_3=0$ となる。

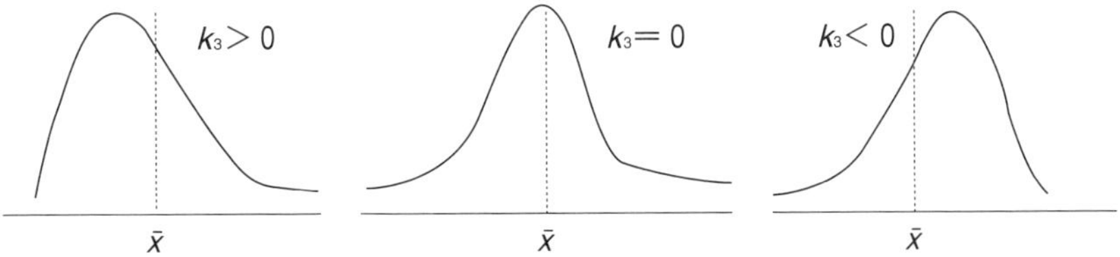

図4.2　歪度

4次モーメントを標準偏差で基準化したもの

$$k_4 = \frac{m_4}{\sigma^4} = \frac{1}{n-1}\sum_{i=1}^{n}\left(\frac{x_i - \bar{x}}{\sigma}\right)^4 \tag{4.5}$$

を標本尖度と呼ぶ。正規分布では $m_4/\sigma^4 = 3$ となるので、尖度は正規分布を基準にした場合の標本分布の山のとがり具合を表す尺度である。$k_4 > 3$ の場合には標本分布が正規分布よりとがっていることを示し、$k_4 < 3$ ならばその逆である。なお、別の見方をすると、尖度は、分布の裾野の広がりを測ったものであり、この値が大きい分布ほど分布の裾野が広がっているととらえることもできる。Excelではこの統計値を基準化して表示しているため、正規分布の場合には値が0で示される。

2つのプールについて、デフォルト確率の差がどのぐらいあるのかという検定を行うには、2つのプールを構成する母集団が正規分布に従うかによって比較分析の観点が異なるので注意が必要である。2つのプールの比較をするには、以下のような基準で分析方法が決定される。

A　2つの分布がともに正規分布である場合

A1　2つの母分散が等しいかどうか（分散の同一性）の検定

2つの母分散が等しいかどうかの検定は、等分散検定と呼ばれる。

帰無仮説 H_0：2つの母集団の分散が等しい（$\sigma_1^2 = \sigma_2^2$）

対立仮説 H_1：2つの母集団の分散が等しくない（$\sigma_1^2 \neq \sigma_2^2$）

という仮説を F 検定によって検定する。

A1.1　2つの母分散が等しい（$\sigma_1^2 = \sigma_2^2$）と判断する場合

t 検定によって、2つの平均が等しいかどうかについて検定する。

帰無仮説 H_0：2つの平均が等しい（$\mu_1 = \mu_2$）

対立仮説 H_1：平均が等しくない（$\mu_1 \neq \mu_2$）

A1.2　2つの母分散が等しくない（$\sigma_1^2 \neq \sigma_2^2$）と判断する場合

帰無仮説 H_0：2つの平均が等しい（$\mu_1 = \mu_2$）

対立仮説 H_1：平均が等しくない（$\mu_1 \neq \mu_2$）

という仮説をウェルチの検定によって検定する。

└─B　2つの分布のうちどちらかが1つでも正規分布でないと判断する場合

ノンパラメトリック検定（ウイルコクソン順位和検定）により、2つの確率分布が等しいかどうかについて検定する。

帰無仮説 H_0：2つの母集団の分布の位置（中央値）は等しい（$\upsilon_1=\upsilon_2$）

対立仮説 H_1：2つの母集団の分布の位置（中央値）は右か左かのどちらかにずれている（$\upsilon_1\neq\upsilon_2$）

ただし、υ_1, υ_2は分布の中央値である。

この帰無仮説と対立仮説は、確率分布の確率的大小関係を同形分布の位置のずれによってみる一般的表現となっている。

演習4.1　Excelの分析ツールを利用して、与えられたデフォルト率のデータが正規分布とみなせるかどうかについて検討せよ。

4.2　分布の差異分析

実際のデフォルト確率の分布は、正規分布ではないことが多く、ローン種別ごとのデフォルト確率の差違分析ではノンパラメトリック検定（ウイルコクソン順位和検定）が用いられることが多い。その場合には、2つの確率分布が等しいかどうかについて以下の仮説によって検定することが求められる。

帰無仮説 H_0：2つの母集団の分布の位置（中央値）は等しい（$\upsilon_1=\upsilon_2$）

対立仮説 H_1：2つの母集団の分布の位置（中央値）は右か左かのどちらかにずれている（$\upsilon_1\neq\upsilon_2$）

ただし、υ_1, υ_2は分布の中央値である。

実際のデフォルト確率 $p(t)$ と、バーゼルⅡ基準によるデフォルト確率 $p_B(t)$ はそれぞれ異なっており、それらのデフォルト確率の値には、

$$p_B(t)\geq p(t)$$

という大小関係が成立しており、信用リスクの保守性という面からは、

バーゼルⅡ基準≧実際のデフォルト

となっていると考えられる（左側の値が大きいほど保守性が高い）。

そこで、これらのデフォルト認識基準の違いによって、デフォルトの確率分布がどの程度違うかについて分析することを想定する。正規性の検定では、これらのデフォルト確率の分布は正規分布には従っていないという結論になることが多い。この場合には、一方の分布が正規分布でないことから、２つの母集団の差をみるポイントは、２つの確率分布が等しいかどうかという観点で、ノンパラメトリック検定を用いることになる（注意：２つの分布のうちどちらかが１つでも正規分布でない場合には確率分布の比較、どちらも正規分布である場合には平均の比較である）。

ノンパラメトリック検定の代表的なものがウイルコクソン検定である。ウイルコクソン検定は、２つの母集団の中央値に差があるかを検定する手法であり、標本の値を順位に置き換えて検定統計量を求めるため、順位和検定とも呼ばれる。ウイルコクソン検定では、「２つの母集団の、分布の中央値はずれている」という仮説 H_0 を検証する。

次に、順位相関という概念について述べる。２組の順位の間にどのような関係があるのかを調べる方法の１つに、以下の式で定義されるスピアマンの順位相関係数 ρ_s がある。

$$\rho_s = 1 - \frac{6\sum_{i=1}^{N}(a_i - b_i)^2}{N(N^2 - 1)} \qquad (4.6)$$

N：標本数

a_i：a 組のデータ内の順位

b_i：b 組のデータ内の順位

また、ケンドールの順位相関係数 ρ_k は、以下の式で定義される。

$$\rho_k = \frac{2(P - Q)}{N(N - 1)} \qquad (4.7)$$

なお、２組 $(a_i, b_i), (a_j, b_j)$ に対し

$$\begin{cases} a_i < a_j & \text{and} \quad b_i < b_j \quad \Rightarrow + \\ a_i > a_j & \text{and} \quad b_i > b_j \quad \Rightarrow + \end{cases}$$

$$\begin{cases} a_i < a_j & \text{and} \quad b_i > b_j \quad \Rightarrow - \\ a_i > a_j & \text{and} \quad b_i < b_j \quad \Rightarrow - \end{cases}$$

と符号を定めておき、

P：＋の組の個数

Q：－の組の個数

で計算した値を（４．７）式に代入する。

次に無相関の検定について述べる。２組のグループの間に相関があるかどうかをみるには、

仮説　　H_0：相関がない

対立仮説　H_1：相関がある

という仮説を検定すればよい。以下の統計検定量を計算すると、

$$T(\rho) = \frac{\rho\sqrt{N-2}}{\sqrt{1-\rho^2}} \qquad (4.8)$$

仮説が成り立つとき、検定統計量の分布は自由度 $N-2$ の t 分布になる。

図４．３に示すように、有意水準を α とし、検定統計量の値 $T(\rho)$ が

$T(\rho) \leq -t_{N-2}(\alpha/2)$　または　$t_{N-2}(\alpha/2) \leq T(\rho)$

の範囲であれば、めったにないことが起きてしまったので、その原因は「仮説が間違っていた」と考える。したがって、仮説 H_0 は棄却され、２つの変量の間に相関があると結論づける。逆に

$-t_{N-2}(\alpha/2) < T(\rho) < t_{N-2}(\alpha/2)$

であるとき、相関があるとはいえないとする。

２つの異なる母集団の分散が等しいかどうかの検定は、等分散検定と呼ばれる。２つの母集団の分散を σ_A^2, σ_B^2 とし、それぞれから大きさ n_A, n_B の標本を選び出し、それぞれの標本分散を S_A^2, S_B^2 とする。このとき、以下の定理が成り立つ。

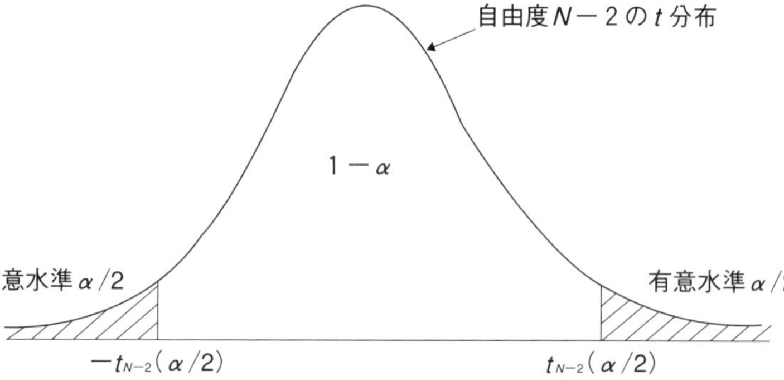

図４．３　無相関の検定の棄却域

〈定理４．１〉

$\dfrac{S_A^2/\sigma_A^2}{S_B^2/\sigma_B^2}$ は、自由度（n_A-1, n_B-1）の F 分布に従う。

仮説 H_0 を

$$H_0：\sigma_A^2=\sigma_B^2 \qquad (4.9)$$

とし、対立仮説を

$$H_1：\sigma_A^2\neq\sigma_B^2 \qquad (4.10)$$

とした両側検定を考える。仮説 H_0 が正しければ $\sigma_A^2=\sigma_B^2$ であるから、定理４．１より S_A^2/S_B^2 は自由度（n_A-1, n_B-1）の F 分布に従う。したがって棄却域は図４．４の斜線部となり、有意水準 α で

$$\frac{S_A^2}{S_B^2}<\frac{1}{F(n_B-1, n_A-1\,;\,\alpha/2)}$$

または、

$$\frac{1}{F(n_A-1, n_B-1\,;\,\alpha/2)}<\frac{S_A^2}{S_B^2}$$

であるとき、仮説 H_0 は棄却される。

もし、２つの母集団の分散 σ_A^2, σ_B^2 が等しいとき（$=\sigma^2$）、２つの標本平方和を S_A, S_B とすると、次の定理が成り立つ。なお、$\bar{x}_A, \bar{x}_B$ は標本平均、μ_A, μ_B

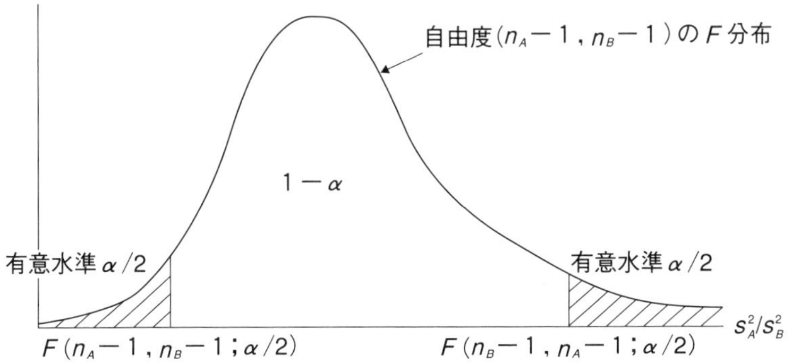

図４．４　F分布による等分散検定

は母平均である。

〈定理４．２〉

$$\frac{(\bar{x}_A-\bar{x}_B)-(\mu_A-\mu_B)}{\sqrt{\left(\frac{1}{n_A}+\frac{1}{n_B}\right)\frac{S_A+S_B}{n_A+n_B-2}}}$$

は自由度（n_A+n_B-2）のt分布に従う。

中心極限定理より、標本平均$\bar{x}_A, \bar{x}_B$はそれぞれ正規分布$N(\mu_A, \sigma^2/n_A)$，$N(\mu_B, \sigma^2/n_B)$に従う。よって、$(\bar{x}_A-\bar{x}_B)$は、$N(\mu_A-\mu_B, \sigma^2/n_A+\sigma^2/n_B)$に従い、

$$\frac{(\bar{x}_A-\bar{x}_B)-(\mu_A-\mu_B)}{\sqrt{\left(\frac{1}{n_A}+\frac{1}{n_B}\right)\sigma^2}}$$

は標準正規分布に従う。また、以下の定理が成り立つことが知られている。

〈定理４．３〉

$\frac{S}{\sigma^2}=\frac{1}{\sigma^2}\sum_{i=1}^{n}(x_i-\bar{x})^2$は、自由度（$n-1$）の$\chi^2$分布に従う。

$S_A/\sigma^2, S_B/\sigma^2$は、それぞれ自由度が（$n_A-1$），（$n_B-1$）の$\chi^2$分布に従うので、$\chi^2$分布の性質から、$(S_A+S_B)/\sigma^2$は自由度（$n_A+n_B-2$）のt分布に従

う。ここで、t分布の定義を述べておく。

〈**定義4.1**〉

標準正規分布に従う変数をu、自由度nのχ^2分布に従う変数をvとする。このとき、変数

$$x = u/\sqrt{v/n}$$

の従う確率分布を、自由度nのt分布という。

よって、

$$\frac{(\bar{x}_A - \bar{x}_B) - (\mu_A - \mu_B)}{\sqrt{\left(\frac{1}{n_A} + \frac{1}{n_B}\right)\sigma^2}} \Bigg/ \sqrt{\frac{S_A + S_B}{(n_A + n_B - 2)\sigma^2}} = \frac{(\bar{x}_A - \bar{x}_B) - (\mu_A - \mu_B)}{\sqrt{\left(\frac{1}{n_A} + \frac{1}{n_B}\right)\frac{S_A + S_B}{n_A + n_B - 2}}}$$

は、自由度（$n_A + n_B - 2$）のt分布に従う。

得られた分布はt分布なので、母平均の差の区間推定は、信頼度（$1 - \alpha$）で、$\mu_A - \mu_B$は

$$\bar{x}_A - \bar{x}_B \pm t(n_A + n_B - 2, \alpha) \cdot \sqrt{\left(\frac{1}{n_A} + \frac{1}{n_B}\right)\left(\frac{S_A + S_B}{n_A + n_N - 2}\right)}$$

で与えられる範囲にある。

4.3 まとめ

この章では、分布の差異分析について考え方を示した。分布の差異分析は、デフォルトを推定するためのリスク・ファクター、あるいはプール分割の判断基準となるファクターを選定する際に重要な概念である。たとえば、データをデフォルトしたグループと、しなかったグループとに分割したうえで、リスク・ファクターの分布に注目する。リスク・ファクターの分布の平均がこの2つのグループで大きく異なっている場合には、そのリスク・ファクターによってデフォルトのしやすさを判断できる可能性があるということを示している。これについては、第5章で述べる。

第 5 章

プール分類の検討

プールは、リスク属性が似たものを集めたローン・ポートフォリオであり、プールごとにリスク特性を明確化し、リスク評価をこのプールごとに行うという考え方は自然である。

一方、リスク評価のためにはなんらかのモデルが必要であり、そのモデルの説明力を高めるには、ある程度のデータ量を前提とした頑健な統計モデルの構築と安定したパラメータ推定が不可欠となる。つまり、プールを細分化するほど、リスク量を評価するモデル・リスクが高まり、かえってリスク判断を誤らせる可能性がある。したがって、ローンの信用リスクを評価するためには、プールによる分類と、統計モデルを利用した各種リスク・ファクターの調整をうまく使い分ける必要がある。この章では、プール分類に関する１つの考え方について例示する。

5.1　プールに必要なサンプル数

信用リスクを評価するには、デフォルト・リスク評価モデルの構築が必要となる。一方、その構築のためには、過去データをもとにした統計的手法により、パラメータを推定することが必要であり、時点 t で利用可能なデータ数 n_t によってパラメータの推定精度が決まる。

すなわち、プールをあまり細かくするとパラメータの推定精度が低下することから、評価モデル自体のモデル・リスクが表面化することになる。したがって、デフォルト評価モデルで構築する際の、プールに属するデータ件数は非常に重要な概念となり、プール種別を多くすることが、信用リスク評価の適正化にはつながらない。

プールを細分化するほど各プールに属するデータ数は減少し、デフォルト確率の測定精度が低下する。したがって、プール分割数は、デフォルト確率の測定における統計的有意性を前提としなければならず、安易なプール分けは、デフォルト確率推定の信頼性を損なわせ、モデル・リスクが実際のリスクよりも過大となる可能性もある。そこで、デフォルト確率を評価する場合にどれぐらいのデータ数が必要となるかについて検討する。

取引先 i の時点 t における状態を表す変数を $X_t^{(i)}$ とおき、この値によって取引先のデフォルトを表現する。$X_t^{(i)}$ は確率 p でデフォルト、確率 $1-p$ で存続するとし、互いに独立で同一の分布（i.i.d.）であるとする。

$$X_t^{(i)} = \begin{cases} 1 & \text{時点 } t \text{ でデフォルト} \\ 0 & \text{時点 } t \text{ で存続} \end{cases}$$

$$E[X_t^{(i)}] = \mu$$

$$V[X_t^{(i)}] = \sigma^2$$

$X_t^{(1)}, X_t^{(2)}, \cdots$ を i.i.d.な確率変数の列とし

$$Y_t = X_t^{(1)} + X_t^{(2)} + \cdots + X_t^{(n)} \tag{5.1}$$

n：プール内のデータ件数

で定義される確率変数 Y_t を考えると、Y_t は n 個のデータのなかでデフォルトしている件数を表す確率変数を意味する。

期待値の線形性と（５．１）式から、Y_t の期待値は

$$\begin{aligned} E[Y_t] &= E[X_t^{(1)}] + E[X_t^{(2)}] + \cdots + E[X_t^{(n)}] \\ &= \sum_{i=1}^{n} E[X_t^{(i)}] \\ &= n\mu \end{aligned} \tag{5.2}$$

で計算可能である。また、Y_t の分散は、

$$\begin{aligned} V[Y_t] &= V[X_t^{(1)}] + V[X_t^{(2)}] + \cdots + V[X_t^{(n)}] \\ &= \sum_{i=1}^{n} V[X_t^{(i)}] \\ &= n\sigma^2 \end{aligned} \tag{5.3}$$

となる。

確率変数 X_t の算術平均

$$\bar{X}_t = \frac{Y_t}{n} = \frac{X_t^{(1)} + X_t^{(2)} + \cdots + X_t^{(n)}}{n} \tag{5.4}$$

を考える。この $\bar{X}_t$ は、プールとしてのデフォルト確率を意味している。$\bar{X}_t$

の期待値と分散は（5．2）式と（5．3）式より、それぞれ

$$E[\bar{X}_t]=E\left[\frac{Y_t}{n}\right]=\frac{1}{n}E[Y_t]=\mu \tag{5.5}$$

$$V[\bar{X}_t]=V\left[\frac{Y_t}{n}\right]=\frac{1}{n}V[Y_t]=\sigma^2 \tag{5.6}$$

となる。一方、中心極限定理によれば、標準化された確率変数

$$\bar{S}_t=\frac{X_t^{(1)}+X_t^{(2)}+\cdots+X_t^{(n)}-n\mu}{\sqrt{n\sigma^2}} \tag{5.7}$$

の従う分布は、$n\rightarrow\infty$のとき標準正規分布に収束することが知られている。この式を展開すると、

$$\bar{S}_t=\frac{X_t^{(1)}+X_t^{(2)}+\cdots+X_t^{(n)}-n\mu}{\sqrt{n\sigma^2}}$$

$$=\frac{n\bar{X}_t-n\mu}{\sqrt{n\sigma^2}}$$

$$=\frac{(\bar{X}_t-\mu)\sqrt{n}}{\sigma} \tag{5.8}$$

が得られ、これが$n\rightarrow\infty$のとき標準正規分布に収束するので

$$\frac{(\bar{X}_t-\mu)\sqrt{n}}{\sigma}\sim N(0,1) \tag{5.9}$$

が得られる。

ここで、X_tの算術平均$\bar{X}_t$とX_tの期待値μの誤差$\bar{X}_t-\mu$とμの比率を、α％以上の精度で$-\beta\sigma$以内に抑えるには、データ件数nがいくつ必要となるかについて検討する。このとき、

$$P\left[\frac{\bar{X}_t-\mu}{\mu}\leq-\beta\sigma\right]\leq\frac{1-\alpha}{100} \tag{5.10}$$

が成立しなければならない。βの値は、本来のデフォルト件数よりデフォルト確率が低く見積もられる可能性をσに対する倍率で表しており、この値が大きいほどデフォルトを過少評価してしまう可能性が高まることを意味

している。

一方、α%は、VaRで利用される信頼水準であり、たとえば$\alpha=95\%$とするということは、$-\beta\sigma$という誤差を想定しておけば、95%の確率でこれよりデフォルト確率を少なく見積もってしまうことはないということを意味している。

（5.10）式に（5.8）式を代入すると、

$$P\left[\frac{\bar{X}_t-\mu}{\mu}\leq-\beta\sigma\right]=P\left[\frac{\bar{S}_t\sigma}{\mu\sqrt{n}}\leq-\beta\sigma\right]$$

$$=P\left[\bar{S}_t\leq-\beta\mu\sqrt{n}\right]\leq1-\frac{\alpha}{100} \quad (5.11)$$

が得られる。$\alpha=95\%$を想定すると、正規分布において、$P\left[\bar{S}_t\leq\varepsilon\right]\leq0.05$を満たす$\varepsilon$は$-1.645$であるので、

$$-\beta\mu\sqrt{n}=-1.645 \quad (5.12)$$

となり、

$$\sqrt{n}=\frac{1.645}{\mu\beta}$$

$$\therefore \quad n=\left(\frac{1.645}{\mu\beta}\right)^2 \quad (5.13)$$

が得られる。

（5.13）式を用い、信頼水準を$\alpha=95\%$、$\beta=3, 2, 1$と変化させた場合のプール内データ件数nの値を計算すると、図5.1が得られる。βの値が大きいほど誤差を許容するため、プール内データ件数nの値を少なくすることができる。$\beta=2$すなわち、デフォルト確率の誤差をその標準偏差σの2倍まで許容するとし、その範囲に収まる確率を95%とした場合には、デフォルト確率が0.5%である場合には2万7,060件、デフォルト確率が1.0%である場合には6,765件のデータが必要であることがわかる。

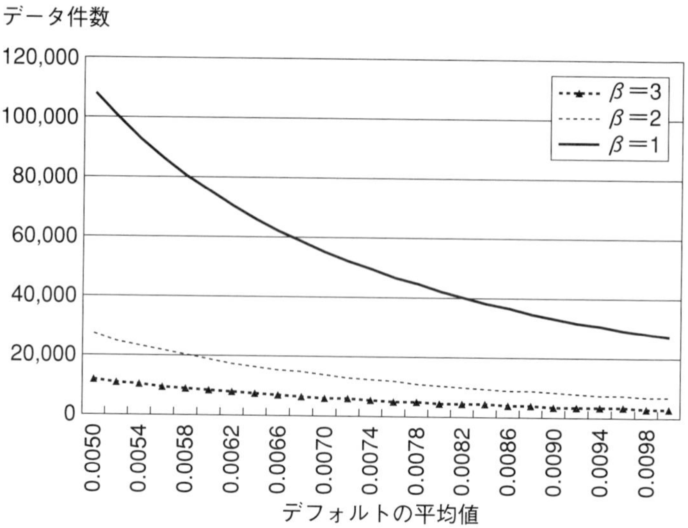

図５．１　デフォルトの平均値とデータ件数（95%信頼水準）

5．2　一元配置分析

グループ間のデフォルト確率などの水準の違いを比較するための手法の１つに、一元配置分析がある。この節では、一元配置分析の基本的な考え方を示す。

プール分割の基準を決めるためには、デフォルト確率と顧客属性データ等との相関分析を行い、プール分割基準となりうるデフォルトとの相関の高い説明変数（顧客属性等）の絞込みを行う。

バーゼルⅡの告示案第173条の規定では、プールが「定期的に値の洗い換えが行われること」を前提に分割されることになっている。したがって、プール分割に利用するデータ項目は、継続利用が可能な変数が前提となる。また、異なるローン種類別にプール割当てに用いられるデータ項目が大きく異なると、実運用上の支障をきたす可能性があることから、異なるローン種別であっても、採用されるデータ項目を極力変化させないようなプール分割が望ましいと想定される。さらに、告示案第159条の3の規定に基づき、プール割当てに際しては①取引のリスク特性、②延滞状況、③債務者のリスク特性、3要因を考慮に入れる。

プール割当ての分析においては、上記の条件と、デフォルトしたグループと正常完済したグループの差をみるのに有意となった変数を用いることとする。

一元配置分析は、デフォルト認識基準によってデフォルトとして認識された取引先と、正常完済した取引先を2つのグループに分類し、それぞれのグループに属する顧客属性データの分布に有意な差があるかどうかについて検証することを目的としている。デフォルトとして認識された取引先と正常完済した取引先の顧客属性データなどの分布を比較し、それらの平均や分散に差違がみられる場合には、その顧客属性データはデフォルトを推定する際の重要なリスク・ファクターとなりうると判断するのである。

例題5．1

一元配置分析の例題として、プール i（$i=1,2,\cdots,N$）ごとにデータ観測時点 t_j のデフォルト確率 $x_i(t_j)$ が与えられている状況を想定する（$t_j=1,2,\cdots,T$）。そのうえで、プール i ごとの平均デフォルト確率

$$\bar{x}_i=\frac{\sum_{j=1}^{T}x_i(t_j)}{T}$$

がプールによって異なっているかどうかについて検証する。

Excelで「ツール（T)」⇒「分析ツール（D)」を指定すると、データ分析画面が表れるので、「分散分析：一元配置」を指定し、OKボタンを押す。「分散分析：一元配置」の画面が表示されるので、「入力範囲（W)」にローンの5種類のデフォルト確率を指定、さらに分析結果の出力先を指定する。

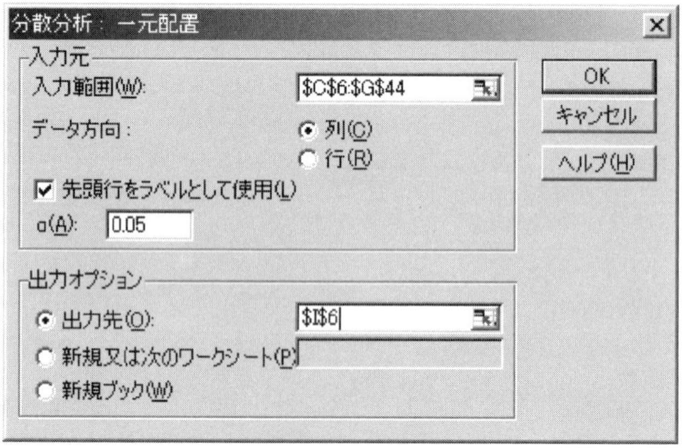

一元配置分析から出力された結果が、表５．１である。なお、この例では、プール数$N=5$、データ観測期間$T=38$としている。

表５．１の「変動」は、以下の式で表される差（偏差）の二乗和（平方和）のことである。

表５．１　ローン種類による一元配置分析

分散分析：一元配置

概要

グループ	標本数	合計	平均	分散
プール A	38	0.079848	0.002101	3.39183E-07
プール B	38	0.180186	0.004742	1.33599E-06
プール C	38	0.088063	0.002317	1.04386E-07
プール D	38	0.232628	0.006122	6.7064E-07
プール E	38	0.289605	0.007621	4.55089E-06

分散分析表

変動要因	変動	自由度	分散	観測された分散比	p 値	F 境界値
グループ間	0.000871	4	0.000218	155.4726765	4.9E-58	2.420479
グループ内	0.000259	185	1.4E-06			
合計	0.00113	189				

グループ間変動：「各プールの平均 $\bar{x}_i$ と全平均 $\bar{x}$ との偏差平方和」

$$S_R = \sum_{i=1}^{N} (\bar{x}_i - \bar{x})^2$$

グループ内変動：「データ x_{ij} と各プールの平均 $\bar{x}_i$ との偏差平方和」

$$S_E = \sum_{i=1}^{N} \sum_{j}^{T} (x_{ij} - \bar{x}_i)^2$$

合計の変動：「データ x_{ij} と全平均 $\bar{x}$ の差との偏差平方和」

$$S_T = \sum_{i=1}^{N} \sum_{j}^{T} (x_{ij} - \bar{x})^2$$

を表している。

グループ間の変動の値はグループとしての変動要因によるものであり、グループ内変動の値はデータ固有の偶発的なばらつきを表すものと考えられる。したがって、グループ内変動に比べてグループ間変動が大きい場合には、グループ、つまりプールごとに平均値の差があると考えることができる。

次に、「分散」の欄は変動を自由度で割ったものを示している。グループ（プール）数を N、データ数を T とすると、

グループ間分散：$V_R = \dfrac{S_R}{N-1}$

グループ内変動：$V_E = \dfrac{S_E}{T-(N-1)-1}$

で計算することができる。

「観測された分散比」（F 値）は、

$$F_0 = \frac{V_R}{V_E}$$

で計算され、

仮説 H_0：グループごとのデフォルトの平均値は等しい

という帰無仮説を検定することで、グループの平均に差があるかどうかを調

べるためのものである。このF_0値が「F 境界値」より大きい場合は帰無仮説が棄却され、平均値に有意差があると判定する。つまりF_0検定統計量は、自由度（$N-1, T-(N-1)-1$）の F 分布に従うことから

$$F_0 \geq F_{(N-1, T-(N-1)-1)}(a)$$

であれば、有意水準 a で仮説 H_0が棄却される。$F_{(N-1, T-(N-1)-1)}(a)$は自由度（$N-1, T-(N-1)-1$）の F 分布の a%点を表す。この例では、$a=0.05$ のとき

$$F_0 = 155.4726765 \geq F_{(4, 185)}(0.05) = 2.420479$$

であるから、仮説 H_0は棄却されるグループの平均に有意差があると判定する。

なお、Excel では F 分布の片側確率の計算を FDIST という関数で求めることができる。

F 分布の片側確率の計算

　＝FDIST（F_0値、自由度１、自由度２）

　＝FDIST（155.4726765、４、185）

自由度（$N-1, T-(N-1)-1$）の F 分布の a%点の計算

　＝FINV（有意水準、自由度１、自由度２）

　＝FINV（0.05、４、185）

このように分散分析表による検定は、平均の差の検定とみることができる。

演習５．１　例題５．１を Excel を用いて分析せよ。

次に、５種類のプールのデフォルト確率の差異について、箱ひげ図を用いて視覚的に差異をみることにする。

箱ひげ図とは　データのばらつきの様子を箱と箱から上下に伸びたひげを使ってグラフに表したものである。普通に箱ひげ図というときは、四分位グラフともいわれている分布の歪みを中心点からみた箱の非対称性で表現する。ただし、分布が単峰か多峰か確認ができないので注意が必要で、箱ひげ図が長いときはヒストグラムで確認することになる。

例題5．2　Excelを用いて箱ひげ図を作成する

Excelでは四分位点の計算をQUARTILEという関数で求めることができる。指定の仕方は、＝QUARTILE（配列,戻り値）で計算できるが、戻り値の設定は

		戻り値
最小値	⇒	0
25%点	⇒	1
50%点	⇒	2
75%点	⇒	3
最大値	⇒	4

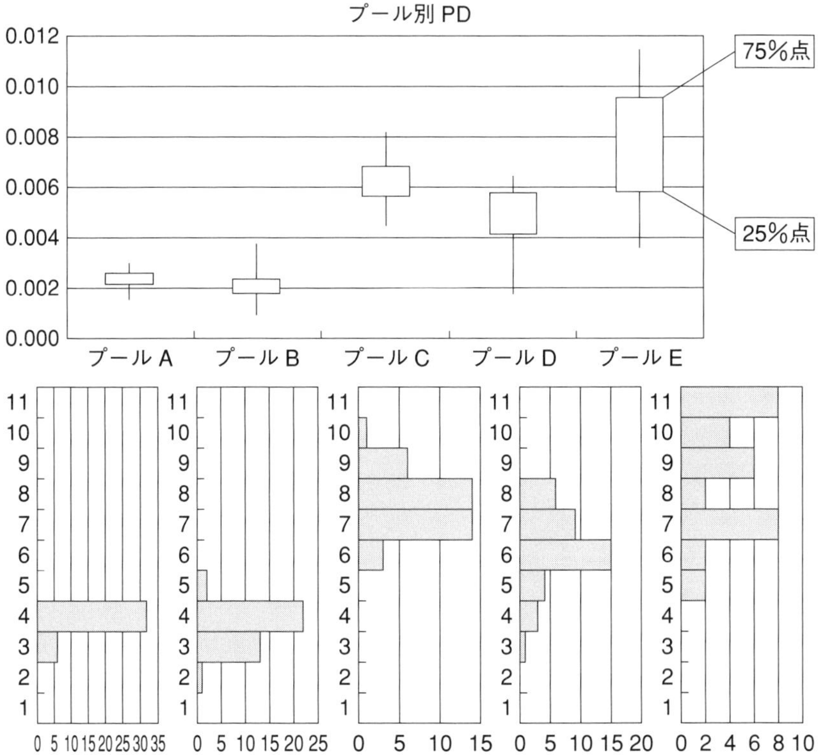

図5．2　プール別のデフォルト確率の箱ひげ図

とし、25%点、最大値、最小値、75%点の順で4つのデータテーブルをつくる。

	プールA	プールB	プールC	プールD	プールE
最小値	0.001495	0.000906	0.004383	0.001812	0.003513
25%点	0.002094	0.001721	0.005527	0.004107	0.005707
50%点	0.002333	0.002109	0.006086	0.004729	0.007822
75%点	0.002554	0.002354	0.006757	0.005713	0.009514
最大値	0.002932	0.003732	0.008184	0.006414	0.011408

Excelで「挿入（I）」⇒「グラフ（H）」を指定すると、グラフウィザードが表れるので、「グラフの種類（C）」の株価、形式（T）の株価（始値―高値―安値―終値）を選択する。「データ範囲（D）」にデータテーブルの範囲を指定する。

演習5.2　例題5.2をExcelを用いて分析せよ。

5.3 K-S（Kolmogorov-Smirnov）値

プール分割基準となりうる説明変数とデフォルト確率との相関の度合いについて分析する定量化の指標として、信用リスク・スコアリングモデルのデフォルト判別力を定量化する統計量として一般的に使用されている「K-S（Kolmogorov-Smirnov）値」について説明する。K-S値とは、定量化の対象となる変数の確率分布をデフォルト先と正常先について別々に算出した経験累積分布関数の、差の最大値（図5.3のD）であり、この値が大きければ大きいほどデフォルト先と正常先の分布が離れている、すなわち対象変数がデフォルト先をうまく選別できていることを示している。具体的には、以下の式で計算されるデフォルト先の経験分布関数$F_n^{(d)}(x)$と、正常先の経験分布関数$F_n^{(n)}(x)$との差Dの最大値として計算される値である。

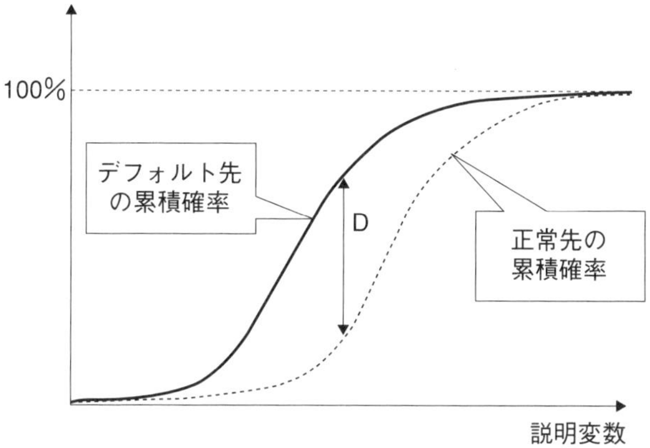

図５．３　K-S 値の考え方

$$D = \max | F_n^{(d)}(x) - F_n^{(n)}(x) | \quad (5.14)$$

５．４　クラスター分析

クラスター分析は、観測されているデータを管理したい数のグループに分類するための手法であり、グループ分けされた集合体をクラスターという。グループ分けの方法にはいくつかの種類があり、階層的手法などが知られている。ただし、Excel の分析ツールなどには用意されていないので、ここではクラスター分析の概念のみを記述する。

階層的手法でクラスターの数を徐々に減らしていく方法である。初めは１つの対象 x_i（$i = 1, 2, \cdots, n$）だけを含む n 個のクラスターを想定する。この状態から、２つの対象間の距離の近いものから順にクラスターを融合し、すべての対象が１つのクラスターに融合されるまでこの処理を繰り返す。そのクラスター間の融合の過程が、デンドログラム（樹状図）として形成される。

図５．４はデンドログラムの例であるが、この例で縦に分割線を図のように引くと、分割線 A ではデンドログラムと６カ所で、分割線 B では４カ所

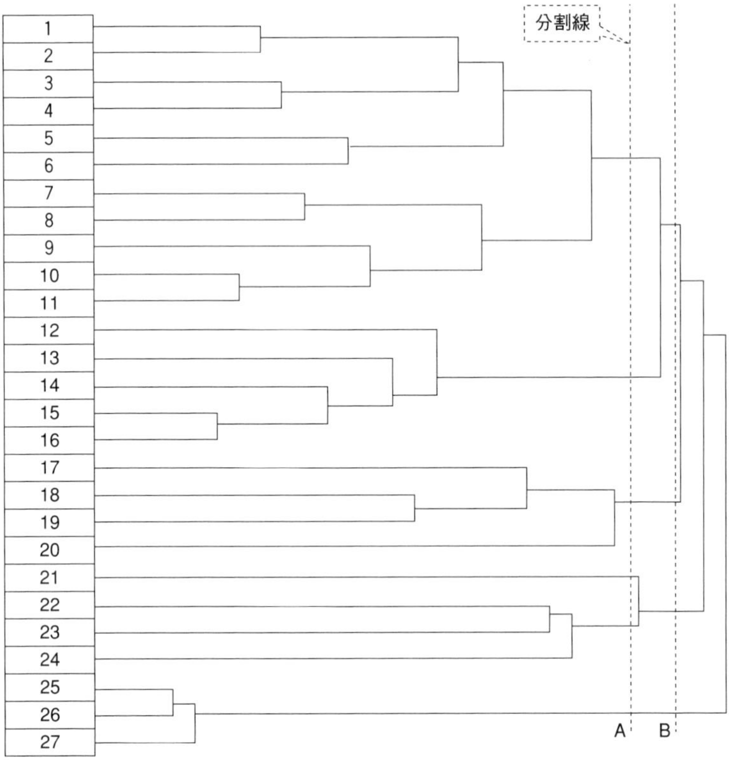

図５．４　デンドログラムの例

で交差する。この交差した点より左側の部分でつながっているのが１つのグループであり、分割線Ａは６つのグループに、分割線Ｂは４つのグループに分割する基準となっていることがわかる。

クラスター分析は、変数値の似たものどうしを結合しながらグループ化するための方法であるが、バーゼルⅡのプール分割をする際には、特定の連続変数をプール分割の基準とする場合が多く、分割の基準をどのように定めればよいかという問題がある。実務的な運用を意識した場合には、以下の点に留意する必要がある。

①　連続変数の変数は、連続であることに実務的意味がある

年齢をプール分割の基準となる変数とした場合、25歳、48歳、69歳が同一グループとして統計的に認識されたとしても、実務的な運用はむずかしい。実務的にはあくまでも連続的な数値としてのプール分けが好ましく、25歳～42歳、43歳～62歳、63歳以上というような区分が望まれる。

② プール内サンプル数の確保

プール内のサンプル数が少ない場合には、デフォルト確率などの統計処理が有意でなくなる可能性がある。

③ プール分割が、実務的な感覚とマッチングしていること

たとえば年齢などを想定した場合、53歳や62歳などにプール分割の境界値があるというよりも、定年や年金開始の時期によって特性が変わると考えたほうが実務的には利用しやすい。この場合には、55歳、60歳、65歳といった境界値のほうが、感覚にマッチする。

このようなことを想定すると、プール分割は統計的な優位性のみによって自動処理することがむずかしく、最終的には人的判断をもって決定するというプロセスが必要となる。ただし、人的判断をもってした場合においても、最終的に用いるプール分割の安定性が求められるのはいうまでもない。

ここで、バーゼルⅡのプール分割のような局面で、実用的にクラスター分析を適用する方法について検討する。一例として、順序を考慮に入れたクラスター分析によって個別変数の境界値を特定するという方法も考えられる。個別変数の境界値は、その境界値で個別変数を分類した場合、グループ間の特性が最も分かれるような区分となっている必要がある。本来のクラスター分析は、似た傾向のある標本をユークリッド距離（グループとしてのユークリッド距離を計測するための中心位置の計測方法としては、重心法などがある）という近さを表す概念によってグルーピングしていくものである。「順序を考慮に入れたクラスター分析」では、グルーピングにおいて、隣り合うグループ間での結合のみを許容させるようにクラスター分析を変形したものである。この条件を加えた場合でも、クラスター分析のデンドログラムなど

は利用でき、それをもとに個別変数の境界値を検討することができる。一方、実務では、単一プールに属する債権数の集中化を避けたいというニーズ、実務的な管理の容易さなどの観点も必要であるので、プール内債権数の下限値と上限値を事前に設定するという方法も考えられる。なお、最終的なプール分割については、バックテスティングなどによってプールとしての頑健性、つまりプール分割の基準が安定的に適用可能かどうかを確認したうえで行うことが求められる。

5.5　プール分類の安定性評価

プール分割が適正に行われていれば、プールごとのデフォルト確率には差違があるはずであり、デフォルト確率の分布も異なるはずである。また、デフォルト確率の時系列的な変動も少ないことが望ましい。ただし、プール分割は母集団を細分化することを意味するため、プール分割数を増やせば増やすほど、デフォルト確率の時系列的な変動、すなわちデフォルト確率の標準偏差も大きくなると考えられる。

各プール分割基準によってグループ化されたサンプルについて、デフォルト確率の分布の特性分析、デフォルト確率の差違分析などを行う必要がある。なお、実際のデフォルトと、バーゼルⅡ基準によるデフォルト確率とでは、分析の対象となる過去データが異なるため、プール分類基準も微妙に異なってくる。リスクの実績値という点では、実際のデフォルト・データを用いたケースのほうが意味としてはとらえやすく、また統計的な説明力という面でもすぐれている。バーゼルⅡ基準のデフォルト確率をプール分割基準に用いてプール内のデフォルト確率を分析した場合には、格付の新規設定時期のデータをどのように考えるかというような問題も残されている。

ここでプール分割基準と、各プールにおけるデフォルト確率の安定性などの検討方法について考える。

表５．２はプール別デフォルト確率、表５．３はプール別デフォルト件数の

表５．２　プール別デフォルト確率（６プール分類）　(単位：%)

OBS	平成７年	8	9	10	11	12	13	14	15	16	平均	標準偏差
1	0.31	0.20	0.23	0.11	0.17	0.17	0.14	0.07	0.00	0.13	0.15	0.09
2	0.34	0.41	0.40	0.45	0.33	0.16	0.28	0.29	0.15	0.13	0.29	0.11
3	0.00	0.50	0.80	0.18	0.70	0.35	0.47	0.30	0.16	0.14	0.36	0.26
4	3.00	3.40	5.20	3.00	4.50	3.67	4.00	1.67	6.00	0.50	3.49	1.61
5	11.50	14.50	9.00	4.00	10.00	7.00	9.00	10.00	7.00	4.00	8.60	3.25
6	11.43	27.50	17.50	7.50	26.67	30.00	30.00	20.00	40.00	40.00	25.06	10.96

表５．３　プール別デフォルト件数の構成比（６プール分類）　(単位：%)

OBS	平成７年	8	9	10	11	12	13	14	15	16
1	25.0	12.0	12.1	8.6	7.8	9.8	5.4	2.8	0.0	5.9
2	25.0	30.0	28.3	46.6	20.8	11.8	14.3	19.4	9.4	11.8
3	0.0	1.0	8.1	5.2	24.7	25.5	32.1	30.6	18.8	29.4
4	16.3	17.0	26.3	20.7	23.4	21.6	21.4	13.9	37.5	5.9
5	25.0	29.0	18.2	13.8	13.0	13.7	16.1	27.8	21.9	23.5
6	8.7	11.0	7.1	5.2	10.4	17.6	10.7	5.6	12.5	23.5
合計	100.0	100.0	100.0	100.0	100.0	100.0	100.0	100.0	100.0	100.0

構成比を示している。これらから、プール間のデフォルト確率や標準偏差は異なっており、プール分割がうまく機能していることがうかがえる。また、図５．５は、年度別プール別デフォルト確率の推移をグラフ化したものである。どうしても、デフォルト確率が少なく、サンプル数が少ないプールについてはデフォルト確率のばらつきが多くなるが、プール別デフォルト確率の平均水準を比較すると、プール別のデフォルト確率に相違があることが観測される。

プール分類基準では、プール内のサンプルが同質的であることが求められる。したがって、プールごとのデフォルト確率の水準には差があることと、デフォルト確率が安定していることが求められる。表５．４と図５．６は６プールに分割した場合の分布特性を示している。表５．５と図５．７は、プール に分割した場合の一元配置分析の分散分析結果を示している。分散分析表の p 値は1.41E-17となっており、95%有意水準で平均値に有意差があると判定

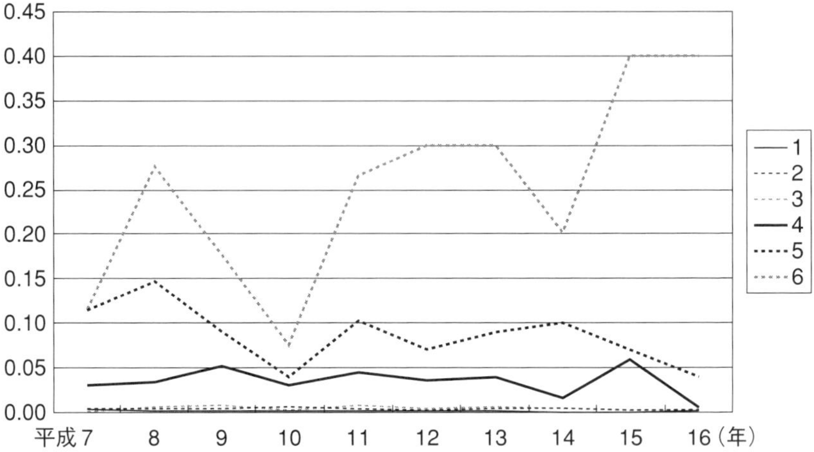

図５．５　年度別プール別デフォルト確率の推移（６プール分類）

表５．４　プール別デフォルト確率の基本統計量

	1	2	3	4	5	6
平均	0.001519	0.00293	0.003604	0.034933	0.086	0.250595
標準誤差	0.000271	0.000363	0.000816	0.005087	0.010269	0.034652
中央値（メジアン）	0.001548	0.003091	0.003243	0.035333	0.09	0.270833
最頻値（モード）	#N/A	#N/A	#N/A	0.03	0.09	0.3
標準偏差	0.000858	0.001147	0.002581	0.016086	0.032472	0.109579
分散	7.36E-07	1.32E-06	6.66E-06	0.000259	0.001054	0.012008
尖度	0.739455	－1.29912	－0.71136	0.243505	－0.0231	－0.79102
歪度	0.071042	－0.2968	0.466232	－0.37637	0.131911	－0.16663
範囲	0.003108	0.00325	0.008	0.055	0.105	0.325
最小	0	0.00125	0	0.005	0.04	0.075
最大	0.003108	0.0045	0.008	0.06	0.145	0.4
合計	0.015187	0.029299	0.036036	0.349333	0.86	2.505952
標本数	10	10	10	10	10	10
信頼区間（95.0%）	0.000614	0.000821	0.001846	0.011507	0.023229	0.078388

できる。また、箱ひげ図からもプール別デフォルト確率の差異を視覚的にみることができる。

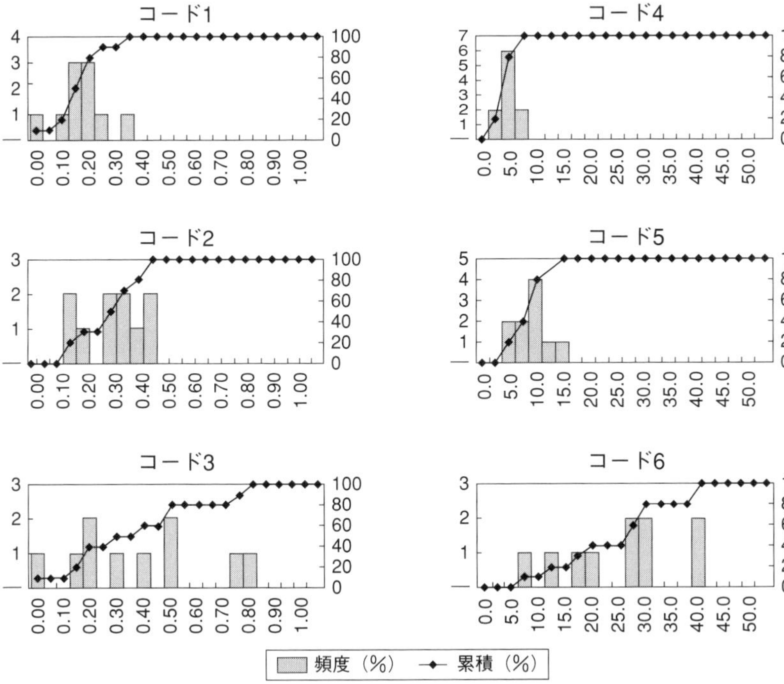

図5.6　プール別デフォルト確率のヒストグラム

表5.5　プール分割による一元配置分析

分散分析：一元配置

分散分析表

変動要因	変動	自由度	分散	観測された分散比	p値	F境界値
グループ間	0.474246	5	0.094849	42.69464	1.41E-17	2.38607
グループ内	0.119965	54	0.002222			
合計	0.594211	59				

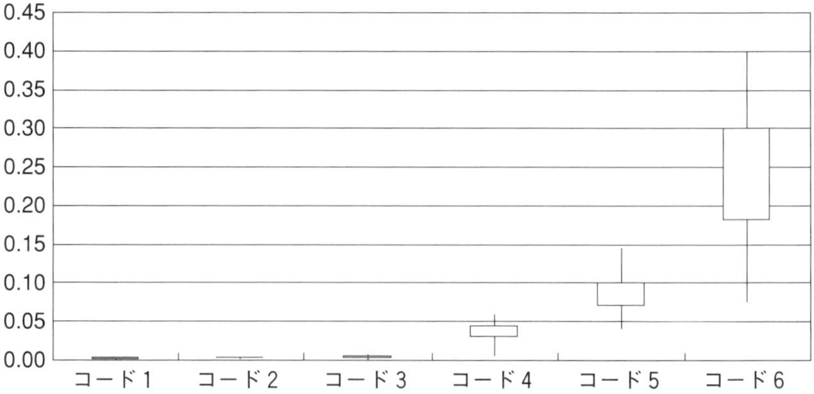

図5.7　プール分割による箱ひげ図（プール別デフォルト確率）

5.6 まとめ

バーゼルⅡでは、リスクをプールという区分単位で把握することを前提としている。そのプールは、同質的な標本を集めたものであり、プール分割の基準が安定的であることが求められる。プール分割を細分化するほど、リスク特性を細かく分類できるが、一方でサンプル数が少ないと、デフォルト確率などのパラメータ値が時点によって安定しないという問題もある。プール分割にあたっては、実務的な意味も考慮しながら、運用しやすい考え方を検討していく必要がある。

第 6 章

景気後退期の特定

ストレスLGDを推定するには、景気後退期のストレスを勘案する必要がある。この章では、景気後退期を特定し、ストレスを勘案するための方法について検討する。

6.1　分析の目的と手順

ストレスLGDを推定するには、景気後退期のストレスを勘案する必要がある。そこでまず、基準月を1カ月ごとずらし、各月を起点とする1年間のデフォルト率（例：10月～翌年9月、11月～翌年10月）を計算する。以降、この基準月別デフォルト率をDF率と表記することにする。ただし、基準月別DF率は、その基準月のデータ数に対しての、基準月から1年間のデフォルト件数の割合とする。

次に、DF率の推移を景気経済指標で説明するモデルを作成し、その経済指標から景気後退期を分析するなどの方法によって、景気後退時期を特定する。なお、四半期ごとに公表される経済指標については、発表から3カ月間は同じ値で推移すると仮定する方法もある。

パラメータ推定上のDF率は、年度を単位として計測されるのが一般的である。このため、このデータからDF率を経済指標で説明するモデルを構築する場合には、非常に粗いモデルとなるので注意が必要である。

景気後退期を説明する経済指標としては、以下のような変数が候補としてあげられる。

① 完全失業率

② 有効求人倍率全数

有効求人数を有効求職数で割ったもの。「有効」とは当月の新規数と前月からの繰り越し分を合わせたものを指す。有効求人倍率が高いと職は見つけやすく、低いと見つけにくい。求職、求人とも全国のハローワークで取り扱ったもののみが集計の対象となる。

③ 名目賃金指数

④　勤労者平均消費性向

⑤　名目国内総支出

⑥　民間最終消費支出

⑦　実質国内総支出

国内の経済が新たに生み出した「付加価値」の総額。国の経済規模を計る尺度になる。付加価値とは、企業の売上げから原材料や経費などのコストを差し引いたもので、これが従業員の賃金や企業の利益になる。

⑧　景気動向指数（DI）一致指数

景気動向指数は、生産、雇用などさまざまな経済活動での重要かつ景気に敏感な指標の動きを統合することによって、景気の現状把握および将来予測に資するために作成された統合的な景気指標。

⑨　景気動向指数（DI）遅行指数

⑩　景気動向指数（DI）先行指数

⑪　業種分類生産指数VAW2000年基準季鉱工業

鉱工業製品の生産量を基準時点（現在は平成12年）を100として指数化したもの。好況時にはモノがよく売れ、企業が製品を増産するため生産、出荷とも上昇する。景気が悪化してくるとモノが売れなくなるため出荷の減少、在庫の増加局面を経て生産の減少に至る。経済のサービス化で鉱工業の比重は次第に低下しているが、いまなお景気動向を敏感に示す指標として注目度が高い。

⑫　消費者物価

モノとサービスの小売価格の水準を示す指数。卸売物価指数がモノの価格を表すのに対し、サービスのウエイトが高いのが特徴。サービス価格はコストに占める人件費の比重が高いため、需給関係だけでなく賃金の影響も受けやすい。卸売物価と比べて変動は小さい。

⑬　長期国債10年新発債最長期利回り

⑭　マネーサプライ（平均残高）M２＋CD

流通しているカネの量（マネーサプライ）を表す。M 2とは現金、普通預金、当座預金、定期預金、CD のことを指す。一般的に景気が良くなるとマネーサプライも増加すると考えられる。

6．2　単回帰モデルによる景気後退期の特定

景気後退期を特定するにはいろいろな考え方があるが、たとえば以下の手順でDF率を被説明変数（目的変数）、経済指標を説明変数とする単回帰モデルを作成することも可能である。

(1)　データ系列の作成例

DF率は非負の値であり、1年間の実績値であるため季節性はない。一方、経済指標には単位の相違、DF率との時間のズレ（リード：経済指標が先行、ラグ：経済指標が遅行）、季節性、数値としての意味の相違（比率と指数）などについて考える必要がある。この問題を緩和するため、DF率、経済指標に対し、原データ、12カ月移動平均、前年比の対数（対数成長率）、という数値変換したデータ系列を用意する。次に、DF率と経済指標との間の時間的なズレに対応するために、経済指標に対して、1～12カ月のリード、1～12カ月のラグを設定する。したがって、数値変換した1つのデータ系列に対し、時間調整した25系列のデータサンプルを用意する。

(2)　単回帰モデルの作成

数値変換したDF率と、数値変換、時間調整した各経済指標とのすべての組合せに対し、単回帰モデルを作成する。たとえば、前年比を対数で数値変換し（対数成長率）、時間調整がsカ月とした場合のDF率を

$$\ln\left(\frac{\text{DF率}(t)}{\text{DF率}(t-12)}\right)=a+b\times\ln\left(\frac{\text{経済指標}(t+s)}{\text{経済指標}(t+s-12)}\right)+\text{推定誤差}(t)$$

という単回帰モデルで説明する。なお、時間調整sの値が正のときにはラグを、負の値のときにはリードを意味する。

(3) モデルの選定

まず、すべてのモデルについて、決定係数（もしくは相関係数）、p値を比較し、説明力の高いモデルを抽出する。ただし、説明力が高いモデルであっても、係数 b の符号が本来のものと逆になって表れているもの、ラグ、リードがあまりにも長く解釈がむずかしいものについては、候補から除外する。そして、モデルから求められる各種統計値を参考としながら、ストレス期の特定のしやすさ、説明変数の取り扱いやすさなどを総合評価し、最終的に

① 説明変数となる経済変数の選定

② モデルとして利用する数値変換の形

③ 時間調整

を決定する。

(4) 景気後退期の特定

説明力の高いモデルで採用された経済指標によって、景気後退期を特定することができると仮定する。DF率と経済指標に正の相関がある場合には、最も経済指標のデータ値が高い時点を景気後退期とする。逆に、DF率と経済指標に負の相関がある場合には、最も経済指標のデータ値が低い時点を景気後退期とする。ただし、モデルでは経済指標の時間調整をしているため、その経済指標からみた景気後退期と考えられる時点を T、その経済指標の時間調整を s とすると、モデル上の景気後退期は $T-s$ 時点であると考える。これは、時間調整 s の値が正であるとき、DF率が経済指標よりも時間調整 s 分だけ先行していると考えられるためである。逆に、時間調整 s の値が負であるときには、DF率が経済指標よりも時間調整 s 分だけ遅行している。

(5) 回帰分析の留意点

回帰分析では、実績DF率と推定DF率の差の二乗和を最小化するパラメータ a、b の値が求められる（最小二乗法）。このため、以下のような特性が表れるので、分析をするには注意が必要となる。

① データ件数が増大するほど、個々のデータの影響は少なくなる

個々のデータの誤差を足し合わせるので、全体誤差に占める個々のデータ誤差の相対的なウエイトは低くなる。

② 外れ値の影響を強く受ける

最小二乗法では、被説明変数（DF率）、説明変数（経済指標）を問わず、それらの平均値からの差がウエイトとして反映される。したがって、平均値から乖離したデータ（外れ値）があれば、決定係数は増大し、係数 b の値はそのデータに引きずられることになる。

6．3　景気後退期の特定

6．3．1　景気後退期のとらえ方

景気後退期の特定には、以下のような考え方がある

① マクロファクター・モデルによる推定

DF率の推移を景気経済指標で説明するモデルを作成し、その経済指標からみて最も景気が後退した時期を特定する。それに、モデル上の時間調整を行うことで、景気後退期を特定する。

② DF率の最悪時期

過去のDF率のなかで、最も水準が高い時期を高PD期とし、その時期をもって景気後退期と定義する。

6．3．2　DF率と経済指標の特性の違い

DF率はある中心値の周りで変動する変数と考えられる。また、非負の値、１年間の実績値で定義した場合には季節性はない、というような特性をもつ。一方、経済指標には単位があり、季節性や指標としての特性が存在する。たとえば、GNP、鉱工業生産指数などの指標は、トレンド的には指数増加する変数であり、過去のデータほど値が小さくなる傾向をもっている。図６．１は、DF率と経済指標（鉱工業生産指数）の関係を例示したものである。DF率の最悪時期は平成13年であり、経済指標の最も低い時期と一致し

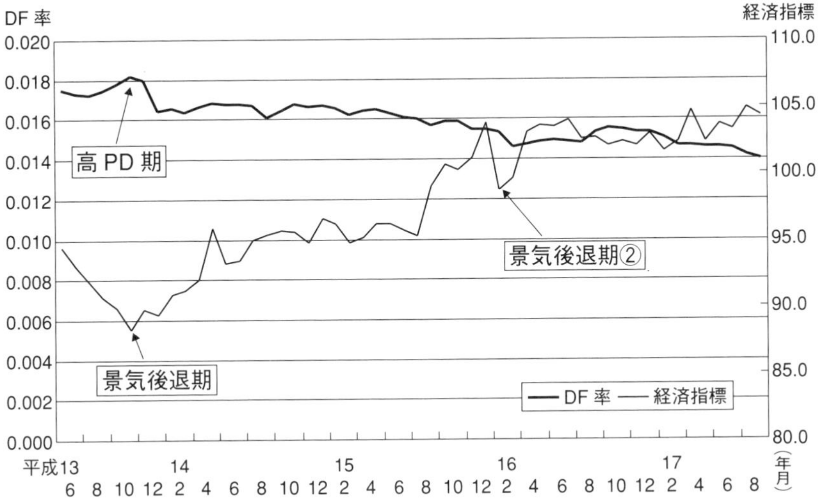

図6．1　DF 率と経済指標

ている。一方、経済指標に右肩上がりの傾向がある場合には、左側のデータが低い水準となるのは当然である。景気後退期を「景気が後退した局面」ととらえるなら、急激に経済指標の値が低下した平成16年を景気後退期ととらえるという考え方もある。しかし一方で、平成16年の DF 率は決して高い水準とはなっていない。

経済指標には単位、季節性、数値としての意味などがあるため、DF 率と経済指標との関係をモデル化する場合には、前年比の対数（対数成長率）で数値変換した値を用いることが多い。図６．２は、DF 率と経済指標（鉱工業生産指数）の、それぞれの対数成長率を示したものである。なお、この図では経済指標のスケールを上下逆転させて表示していることに注意する必要がある。これは、DF 率と経済指標に負の相関があるためである。太い実線は DF 率、細い実線は経済指標、細い破線はモデルで推定された時間調整（ラグ２カ月）後の経済指標である。DF 率（太い実線）と、時間調整後の経済指標（細い破線）を比較すると、ある程度フィットしており、DF 率の対数成長率は、２カ月のラグをとった鉱工業生産指数によって説明できる可

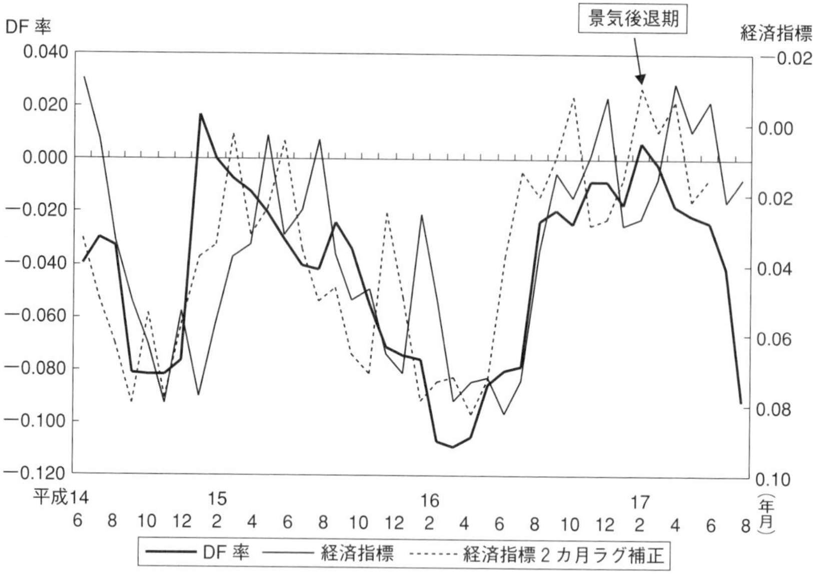

図６．２　DF 率と経済指標（鉱工業生産指数）の対数成長率

能性があることを示している。図６．２で鉱工業生産指数の対数成長率で景気後退期を判断すると（成長率が低い時期が景気後退期と仮定）、平成17年が景気後退期の局面となっている。一方で、DF 率の対数成長率は、平成17年よりも平成14年の値が大きい。

DF 率の対数成長率は、あくまで前年と比較して変化幅が大きい、すなわち DF 率の値が大きく変化することを意味している。したがって、DF 率の絶対水準の比較にはならないことに注意する必要がある。

６．３．３　景気後退期の特定方法の例

景気後退期の特定には、DF 率の最悪時期、マクロファクター・モデルから求められる経済指標からみた景気後退期などを総合評価して決定する必要がある。DF 率と経済指標に正の相関がある場合には、経済指標のモデル上のデータ値が最も高い時点を景気後退期とする。逆に、DF 率と経済指標に負の相関がある場合には、経済指標のモデル上のデータ値が最も低い時点を

景気後退期とする。ただし、実際のモデルでは経済指標のリード、ラグという時間調整をしているため、その経済指標からみた景気後退期から時間調整分だけ時点を調整する。景気後退期を特定するために、以下のような方法も想定される。

① 高PD年度の特定

PDとはデフォルト確率のことであるが、過去実績をみる場合にはDF率と同意である。

パラメータ計測起点である9月末基準で年度を認識し（たとえば平成17年9月末基準のパラメータ推定年度は平成17年）、データ観測期間中で最もPDの値が高い年度を特定する。

② 高DF率の基準月の特定（原データ）

データ観測期間中で最もDF率が高い基準月を特定する。

③ 経済指標による景気後退期の特定（原データ）

単回帰モデルで最も有意となった経済指標データのなかで、最も景気後退期を表現している基準月を特定する。

④ 経済指標による景気後退期の特定（時間調整・原データ）

単回帰モデルで得られた時間調整を、③の景気後退期に加味したもの。

⑤ 高DF率の基準月の特定（対数成長率データ）

DF率の対数成長率（年率）を算出し、データ観測期間中で最もDF率の対数成長率が高い基準月を特定する。

⑥ 経済指標による景気後退期の特定（対数成長率データ）

単回帰モデルで最も有意となった経済指標データのなかで、最も対数成長率が景気後退期を表現している基準月を特定する。

⑦ 経済指標による景気後退期の特定（時間調整・対数成長率データ）

単回帰モデルで得られた時間調整を、③の景気後退期に加味したもの。

これらの景気後退期、DF率と経済指標の関係などを分析したうえで、長期平均LGDの計算基準となる景気後退期を特定する。

6.4　回帰分析の例

ここで、四半期ごとのデフォルト確率P_jの対数変換した前年同期比v_jと、完全失業率の対数変換した前年同期比に1期のリードをとったものu_{j-3}の関係について単回帰モデルによって分析する。

図6.3は、Excelの分析ツールによる回帰分析の結果である。

推定された回帰式は、

$$\hat{v}_j = -0.06803 + 1.159459u_{j-3}$$

であり、完全失業率の対数変換した前年同期比u_{j-3}が1単位上昇（下降）すると、デフォルト確率p_jの対数変換した前年同期比v_jは、1.159459だけ上昇（下降）することを意味している。

モデルの適合度をみるために、決定係数をみると0.636665となっており、全体の残差の約63%がこのモデルにより説明されていることになる。

次に、傾きの検定を行う。傾きb_1について、

帰無仮説H_0：$b_1 = 0$

対立仮説H_1：$b_1 \neq 0$

という仮説を、t統計量を用いて検定する。帰無仮説H_0が成立するとき、つまり$b_1 = 0$が正しければt値は0付近の値となるので、t値の絶対値が大きければ帰無仮説が棄却されることになる。その基準として用いられるのが有意水準であり、t分布の両裾の確率がαとなる値をα有意水準と呼び、その値はp値として示されているt値＝7.488184、p値＝1.59E－08となっており、帰無仮説H_0は有意水準5%以下で棄却される。すなわち、$b_1 = 0$ではなく、回帰式の傾きは意味がある（モデルとして有効）ということが示されている。さらに、この傾きの標準誤差は0.154838であり、傾き1.159459に対する割合を計算すると、

回帰統計	
重相関 R	0.797913
重決定 R^2	0.636665
補正 R^2	0.62531
標準誤差	0.084746
観測数	34

分散分析表

	自由度	変動	分散	観測された分散比	有意 F
回帰	1	0.402706	0.402706	56.07291	1.59E-08
残差	32	0.229819	0.007182		
合計	33	0.632525			

	係数	標準誤差	t	p-値	下限95%	上限95%	下限95.0%	上限95.0%
切片	−0.06803	0.015671	−4.34103	0.000133	−0.09995	−0.03611	−0.09995	−0.03611
X 値 1	1.159459	0.154838	7.488184	1.59E-08	0.844063	1.474854	0.844063	1.474854

残差出力

観測値	予測値：Y	残差
1	−0.05649	−0.07622
2	−0.07956	0.012929
3	−0.09099	0.13745
4	−0.03376	−0.06939
5	−0.02299	0.066971
6	0.042481	−0.00401
7	0.162532	−0.09956
8	0.183924	−0.02343
9	0.197305	−0.0529
10	0.194907	−0.11762
11	0.107985	−0.07073
12	0.044127	0.017648
13	−0.00812	−0.02703
14	−0.01868	0.110018
15	−0.07622	0.155946
16	−0.07628	0.086614
17	−0.04327	0.071556
18	−0.07611	0.021137
19	−0.01971	−0.00463
20	0.042481	0.154533
21	0.077574	0.103575
22	0.047629	0.1046
23	0.04463	0.076472
24	−0.00217	−0.09685
25	−0.06803	−0.02082
26	−0.03904	−0.0219
27	−0.07521	−0.03104
28	−0.13388	0.05175
29	−0.14238	−0.07584
30	−0.18068	−0.10896
31	−0.23839	−0.0187
32	−0.15395	−0.10672
33	−0.18084	−0.00999
34	−0.14971	−0.13486

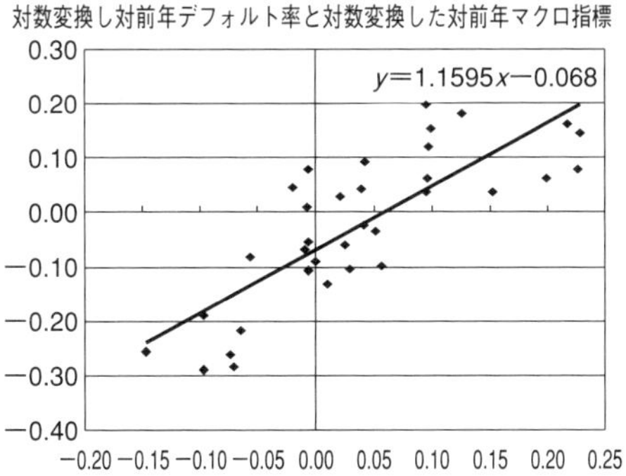

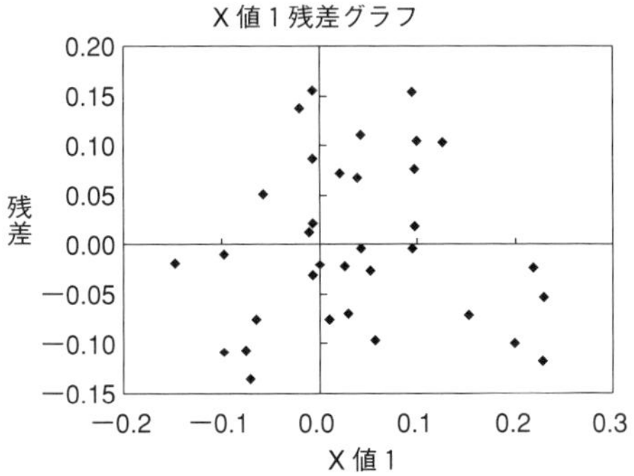

図 6．3　回帰分析の結果

$$\frac{0.154838}{1.159459} \approx 0.1335434$$

と小さく、推定の信頼区間がかなり狭いことから、傾きの値もかなり正確に推定されたと想定される。

同様に切片項b_0についても

帰無仮説 H_0：$b_0 = 0$

対立仮説 H_1：$b_0 \neq 0$

という仮説を、t 統計量を用いて検定する。t 値＝－4.34103、p 値＝0.000133となっており、帰無仮説H_0は5％以下の有意水準で棄却できる。すなわち、$b_0 = 0$ではなく、モデルに切片を入れることに意味があるということが示されている。

図6．3の残差グラフをみてみると、以下のような関係が成立しているかを直感的に検証することができる。

① 残差の平均値は0

② 残差と予測値は無相関

③ 大きな外れ値はない

もしこの図のなかになんらかのパターンが見出せるなら、「本来は曲線で表すべきモデルに直線を当てはめた」というようなモデル選択上の問題や、モデルの前提条件が成り立っていないということが考えられるが、このモデルでは問題がないと考えられる。

これらのことを総合すると、デフォルト確率p_jの対数変換した前年同期比v_jを、完全失業率の対数変換した前年同期比u_{j-3}によって説明する単回帰モデルは、十分、検出力（検定力）があると結論づけられる。

演習6．1 Excelの分析ツールを利用して、図6．3の結果を確認せよ。

6.5 まとめ

景気後退期を特定するためには、さまざまな考え方と手法があることについて述べた。金融庁告示の最低要件では、景気後退期（高 PD 期）を特定し、長期平均 LGD を下回らないようにストレス LGD を推計することを求めている。したがって、なんらかの方法で景気後退期を特定した後、ストレス LGD を推定する必要がある。第 7 章で述べるように、LGD は吸収状態デフォルトに推移する確率と回収率によって決定される。したがって、吸収状態デフォルトに推移する確率に対してストレスをかけるという考え方、回収率に対してストレスをかけるという考え方、あるいはそれら両方に対してストレスをかけるという考え方がある。たとえば、回収率に対してストレスをかけるには、特定された景気後退期に実際にデフォルトした案件の回収率の実績と、長期平均回収率（データ期間で観測された回収率平均値）とを比較し、低い値をもってストレス回収率とする。そして、そのストレス回収率を利用して計算した LGD の値を、ストレス LGD とするという方法もある。

第 7 章

LGD の推定

LGDとはデフォルト時のエクスポージャーに対する損失額の割合をいう。LGDの推定をむずかしくする最大の要因は、債務残高は経過時間$\hat{t}$とともに減少し、担保価値はカレンダー上の時間tで変動するだけでなく、不動産などの減価償却などの要因によって変動するという点である。したがって、ここではカレンダー上の時間tと経過時間$\hat{t}$とを明確に分けて考えることとする。

ここで回収可能なネット金額について検討する。経過時点τで、有担保ローンがデフォルトした場合、担保によって残債が回収されることになる。デフォルト時点τにおける債務残高（EAD）を$W(\tau)$（$W(\tau) \geq 0$）、回収可能なネット金額のデフォルト時点τにおける現在価値を$\hat{R}(\tau)$（$\hat{R}(\tau) \geq 0$）とすると、回収率$\delta(\tau)$（$1 \geq \delta(\tau) \geq 0$）は、

$$\delta(\tau) = \frac{\hat{R}(\tau)}{W(\tau)} \tag{7.1}$$

で、LGD(τ)は、

$$\mathrm{LGD}(\tau) = 1 - \delta(\tau) = 1 - \frac{\hat{R}(\tau)}{W(\tau)} \tag{7.2}$$

で定義される。ただし、回収可能なネット金額$R(\tau)$はデフォルト時点τ（$\tau > 0$）で回収されず、ある回収期間λ（$\lambda \geq 0$）が含まれた経過時点$\tau + \lambda$で返済されるのが一般的である。そこで、デフォルト時点τから経過時点$\tau + \lambda$までの連続複利ベースでの割引金利を$\hat{r}$（$\hat{r} > 0$）とおき、回収可能なネット金額のデフォルト時点τにおける現在価値$\hat{R}(\tau)$を

$$\hat{R}(\tau) = R(\tau + \lambda)e^{-\hat{r}\lambda} \tag{7.3}$$

で計算するものとする。ただし、回収は複数の時点でなされるので、（7.3）式を厳密に表記して、

$$\hat{R}(\tau) = E_\tau\left[\sum_{i=1}^{\infty} R(\tau + \lambda_i)e^{-\hat{r}\lambda_i}\right] \tag{7.4}$$

と表す。これは、バーゼルⅡで求めている「デフォルト後に発生した回収額をデフォルト時点の価値に割り引く」ことに対応したものである。なお、λ_i

は、デフォルト時点 τ からそれぞれの回収が行われるまでの経過期間とし、割引金利 $\hat{r}$ は全期間一定としている。また、将来の回収可能なネット金額 $R(\tau+\lambda_i)$ は、デフォルト時点 τ では確定していない確率変数であり、（7．4）式では、回収可能なネット金額のデフォルト時点 τ における現在価値 $\hat{R}(\tau)$ を、デフォルト時点 τ における期待値 $E_\tau[\cdot]$ として計算している。

7．1　回収率の期間構造

本来のLGDは、デフォルトによって被る経済的損失(economic loss)として定義される。したがって、LGDを正確に把握するには、担保評価額 $B(\hat{t})$、追加ロス $A(\hat{t})$ の推定、弁護士費用、任売／競売費用、人件費、査定費用などの回収コスト $C(\hat{t})$、さらには遅延損害金などについても考慮した検討が必要となる。一方、実際の回収データの利用可能性、担保評価額 $B(\hat{t})$ の時価評価などのむずかしさなどがあり、LGD推定には検討課題が多く残されている。

一方、デフォルト時点 τ から経過時点 $\tau+\lambda_i$ までの期間 λ_i は、実際には数年間という長いスパンであり、回収額 $R(\tau+\lambda_i)$ の期間構造を推定する必要がある。

デフォルト時点 τ からの経過期間 λ_i での回収率を

$$\delta(\lambda_i)=\frac{R(\tau+\lambda_i)}{W(\tau)} \tag{7.5}$$

で定義すると、デフォルト時点 τ から経過期間 λ_n までの累積回収率 $\hat{\delta}(\lambda_n)$ は、

$$\hat{\delta}(\lambda_n)=\sum_{i=1}^{n}\delta(\lambda_i)=\frac{1}{W(\tau)}\sum_{i=1}^{n}R(\tau+\lambda_i) \tag{7.6}$$

で求められる。デフォルト時点 τ からの経過期間 λ_n と累積回収率 $\hat{\delta}(\lambda_n)$ の関係は、図７．１のような期間構造をもつ。

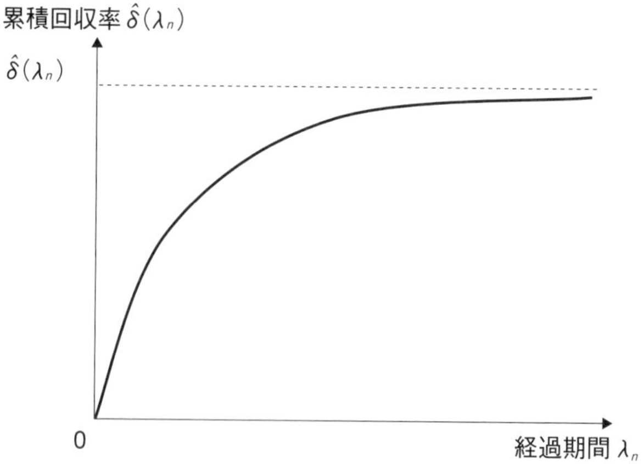

図7．1　デフォルト時点 τ からの経過期間 λ_n と累積回収率 $\hat{\delta}(\lambda_n)$ の関係

過去データから推定された、デフォルト時点 τ_d から経過期間 λ_i 後の時点 $\tau_d+\lambda_i$ での回収金額の実績値 $\tilde{R}_d(\tau_d+\lambda_i)$ を、デフォルト時点 τ_d まで割り引いて求めた回収率を $\tilde{\delta}_d(\lambda_i)$ で表す。

$$\tilde{\delta}_d(\lambda_i)=\frac{\tilde{R}_d(\tau_d+\lambda_i)e^{-\hat{r}\lambda_i}}{W(\tau_d)} \tag{7.7}$$

$$\tilde{R}_d(\tau_d+\lambda_i)=W(\tau_d)\tilde{\delta}_d(\lambda_i)e^{\hat{r}\lambda_i} \tag{7.8}$$

なお、$\tilde{R}_d(\tau_d+\lambda_i)$ は観測された時点 $\tau_d+\lambda_i$ で実際に回収されたネット金額であり、

$$E[R_d(\tau_d+\lambda_i)]=\tilde{R}_d(\tau_d+\lambda_i) \tag{7.9}$$

とおく。（７．９）式を、（７．４）式に代入すると、回収可能なネット金額の吸収デフォルト時点 τ_d における現在価値 $\hat{R}_d(\tau_d)$ は、

$$\hat{R}_d(\tau_d)=E_{\tau_d}\left[\sum_{i=1}^{\infty}R_d(\tau_d+\lambda_i)e^{-\hat{r}\lambda_i}\right]$$

$$=\sum_{i=1}^{\infty}\tilde{R}_d(\tau_d+\lambda_i)e^{-\hat{r}\lambda_i}$$

$$=\sum_{i=1}^{\infty}W(\tau_d)\tilde{\delta}_d(\lambda_i)$$

$$= W(\tau_d)\sum_{i=1}^{\infty}\tilde{\delta}_d(\lambda_i) \tag{7.10}$$

で計算することができる。

7.2 デフォルト率の期間構造と状態推移確率行列

デフォルトには、バーゼルⅡ上で、リスク評価のためにデフォルトとして認識されるものと、実際にデフォルトするものとがある。ここでは、バーゼルⅡ上でデフォルトとして認識されるものの実際にはデフォルトしていない状態を非吸収状態デフォルト（b）、実際のデフォルトを吸収状態デフォルト（d）と表記する。

LDGや回収率の評価をするためには、評価開始時点 s_j と評価最終時点（リスクホライゾン）s_{j+1} との間にある時点 τ_b で非吸収状態デフォルト（b）になり、それ以降の時点 $\tau_b+\lambda_i$ までの間に吸収状態デフォルト（d）に陥る確率の推定が重要となる。これは、ある時点 τ_b で非吸収状態デフォルト（b）になったものが、時点 $\tau_b+\lambda_i$ までに吸収状態デフォルト（d）になる確率 $\hat{p}_{bd}(\tau_b, \tau_b+\lambda_i)$ がわかればよい。

ここで、債権の状態を以下の4つの状態で評価することにする。

① 完済（c）

② 正常状態（n）

③ 非吸収状態デフォルト（b）

④ 吸収状態デフォルト（d）

この4つの状態を想定した場合の単位期間当り（月単位）の時点 t から時点 $t+1$ までの状態推移確率行列 $\tilde{\mathbf{Q}}(t, t+1)$ を

$$
\tilde{\mathbf{Q}}(t,t+1)=\begin{pmatrix} 1 & 0 & 0 & 0 \\ p_{nc}(t,t+1) & p_{nn}(t,t+1) & p_{nb}(t,t+1) & p_{nd}(t,t+1) \\ p_{bc}(t,t+1) & p_{bn}(t,t+1) & p_{bb}(t,t+1) & p_{bd}(t,t+1) \\ 0 & 0 & 0 & 1 \end{pmatrix} \tag{7.11}
$$

$$p_{nc}(t,t+1)+p_{nn}(t,t+1)+p_{nb}(t,t+1)+p_{nd}(t,t+1)=1$$

$$p_{bc}(t,t+1)+p_{bn}(t,t+1)+p_{bb}(t,t+1)+p_{bd}(t,t+1)=1$$

で定義する。債権の状態が、完済（c）になった場合には、他の状態に推移することはないため、

$$p_{cc}(t,t+1)=1,\ p_{cn}(t,t+1)=0,\ p_{cb}(t,t+1)=0,\ p_{cd}(t,t+1)=0$$

という吸収状態を表している。同様に、吸収状態デフォルト（d）になった場合にも、他の状態に推移することはなく、

$$p_{dc}(t,t+1)=0,\ p_{dn}(t,t+1)=0,\ p_{db}(t,t+1)=0,\ p_{dd}(t,t+1)=1$$

という吸収状態を表している。

利用可能なデータの初期時点の基準日 c_1とし、それ以降の時点を c_m（$m=1,2,\cdots,v_m$）で表す。各時点 c_m を状態推移の起点とし、それは各期の最終時点だと仮定する。各起点 c_m においてバーゼルⅡ基準によってデフォルトとして認識された標本を取り出した状態推移件数行列を $\mathbf{R}_m(1)$ とし、経過期間 $\lambda-1$ から λ までの間に各状態へ推移した状態推移件数行列を $\mathbf{R}_m(\lambda)$ で表す。この、$\mathbf{R}_m(\lambda)$ は、時点 c_m ごとに $\mathbf{R}_m(1),\mathbf{R}_m(2),\cdots,\mathbf{R}_m(v_m)$ として得られるので、経過期間 λ ごとに合計した状態推移件数行列 $\tilde{\mathbf{R}}(\lambda)$ は

$$\tilde{\mathbf{R}}(\lambda)=\sum_{m=1}^{v_m}\mathbf{R}_m(\lambda),\ \ \lambda=1,2,\cdots \tag{7.12}$$

で計算される。

なお、時点 c_m は状態推移の起点であるので、バーゼルⅡ基準によってデフォルトとして認識された件数、および、利用可能なデータ期間は異なる。したがって、v_m の値は c_m によって変化するので注意が必要である。この合計した状態推移件数行列 $\tilde{\mathbf{R}}(\lambda)$ の要素を

$$\tilde{\mathbf{R}}(\lambda)=\begin{pmatrix} a_{cc}(\lambda) & 0 & 0 & 0 \\ a_{nc}(\lambda) & a_{nn}(\lambda) & a_{nb}(\lambda) & a_{nd}(\lambda) \\ a_{bc}(\lambda) & a_{bn}(\lambda) & a_{bb}(\lambda) & a_{bd}(\lambda) \\ 0 & 0 & 0 & a_{dd}(\lambda) \end{pmatrix} \tag{7.13}$$

で表す。この状態推移件数行列 $\tilde{\mathbf{R}}(\lambda)$ の横の合計

$$\hat{a}_c(\lambda)=a_{cc}(\lambda)$$

$$\hat{a}_n(\lambda)=a_{nc}(\lambda)+a_{nn}(\lambda)+a_{nb}(\lambda)+a_{nd}(\lambda)$$

$$\hat{a}_b(\lambda)=a_{bc}(\lambda)+a_{bn}(\lambda)+a_{bb}(\lambda)+a_{bd}(\lambda)$$

$$\hat{a}_d(\lambda)= \qquad a_{dd}(\lambda)$$

は、経過期間 $\lambda-1$ で各状態にある件数を表すので、状態推移確率行列 $\tilde{\mathbf{Q}}(\lambda-1,\lambda)$ は、

$$\tilde{\mathbf{Q}}(\lambda-1,\lambda)$$

$$=\begin{pmatrix} a_{cc}(\lambda)/\hat{a}_c(\lambda) & 0 & 0 & 0 \\ a_{nc}(\lambda)/\hat{a}_n(\lambda) & a_{nn}(\lambda)/\hat{a}_n(\lambda) & a_{nb}(\lambda)/\hat{a}_n(\lambda) & a_{nd}(\lambda)/\hat{a}_n(\lambda) \\ a_{bc}(\lambda)/\hat{a}_b(\lambda) & a_{bn}(\lambda)/\hat{a}_b(\lambda) & a_{bb}(\lambda)/\hat{a}_b(\lambda) & a_{bd}(\lambda)/\hat{a}_b(\lambda) \\ 0 & 0 & 0 & a_{dd}(\lambda)/\hat{a}_d(\lambda) \end{pmatrix}$$

$$=\begin{pmatrix} 1 & 0 & 0 & 0 \\ a_{nc}(\lambda)/\hat{a}_n(\lambda) & a_{nn}(\lambda)/\hat{a}_n(\lambda) & a_{nb}(\lambda)/\hat{a}_n(\lambda) & a_{nd}(\lambda)/\hat{a}_n(\lambda) \\ a_{bc}(\lambda)/\hat{a}_b(\lambda) & a_{bn}(\lambda)/\hat{a}_b(\lambda) & a_{bb}(\lambda)/\hat{a}_b(\lambda) & a_{bd}(\lambda)/\hat{a}_b(\lambda) \\ 0 & 0 & 0 & 1 \end{pmatrix} \tag{7.14}$$

で計算することができる。また、起点となる経過時間1から経過期間 λ までの累積状態推移確率行列 $\tilde{\mathbf{Q}}(0,\lambda)$ は、

$$\tilde{\mathbf{Q}}(0,\lambda)=\tilde{\mathbf{Q}}(0,1)\tilde{\mathbf{Q}}(1,2)\cdots\tilde{\mathbf{Q}}(\lambda-1,\lambda)$$

$$=\prod_{j=1}^{i}\tilde{\mathbf{Q}}(\lambda_{j-1},\lambda_j) \tag{7.15}$$

$$\lambda_0=0$$

$$\lambda_i=\lambda$$

で計算できる。

演習7.1 基準日c_1～c_5において、バーゼルⅡ基準によってデフォルトとして認識された標本を取り出した状態推移件数行列$\mathbf{R}_1(0)$～$\mathbf{R}_5(0)$と、その後の経過期間別の状態推移件数行列$\mathbf{R}_1(1)$～$\mathbf{R}_1(4)$，$\mathbf{R}_2(1)$～$\mathbf{R}_2(3)$，$\mathbf{R}_3(1)$～$\mathbf{R}_3(2)$，$\mathbf{R}_4(1)$が与えられている。(7.14)式を適用して、経過期間ごとの状態推移確率行列$\tilde{\mathbf{Q}}(0,1)$，$\tilde{\mathbf{Q}}(1,2)$，$\tilde{\mathbf{Q}}(2,3)$，$\tilde{\mathbf{Q}}(3,4)$，$\tilde{\mathbf{Q}}(4,5)$を計算せよ。さらに、(7.14)式を適用して、起点から経過期間$\lambda=5$までの累積状態推移確率行列$\tilde{\mathbf{Q}}(0,5)$を計算せよ。

（ヒント） 行列の積（$\tilde{\mathbf{Q}}(0,1)\tilde{\mathbf{Q}}(1,2)$など）の計算は、ExcelのMMULT（配列1，配列2）という関数で計算できる。Excelでは、さまざまな行列計算の関数が用意されているが、通常の計算式の入力とは異なった手順が必要となる。

① 行列計算の結果が入るエリアをアクティブにする。このためには、行列計算でできあがる行列のサイズの把握が必要となる。この例題の場合は、$\mathbf{R}_m(\lambda)$は4行4列の行列であるので、$\tilde{\mathbf{Q}}(\lambda-1,\lambda)$，$\tilde{\mathbf{Q}}(0,\lambda)$も4行4列の行列となる。

② アクティブ領域で＝MMULT（配列1，配列2）のように数式を指定する。この後、Enterキーではなく、CtrlキーとShiftキーを同時に押した状態でEnterキーを押す。

③ なお、期初の正常状態のデータが無い場合には、正常状態を吸収状態として取り扱う。

7.3 将来の状態推移確率行列の推定

LGDの推定では、ローン残高が完全になくなるまでの状態推移をみる必要があり、商品によっては30年程度の長期のデータが必要となる。しかし、データの蓄積が少ない場合、期間が短いデータから、ローン残高がなくなるまでの状態推移を推定する必要がある。たとえば、10年間のデータが利用可能である場合、120カ月の経過期間までは実データから推定された$\tilde{\mathbf{Q}}(\lambda-1,\lambda)$が利用可能である。この状態推移確率行列$\tilde{\mathbf{Q}}(\lambda-1,\lambda)$は、経過期間$\lambda$が長くなるほど各要素の値が安定化すると考えるのが自然で、状態推移確率行列$\tilde{\mathbf{Q}}(\lambda-1,\lambda)$が時間に依存しないという斉時性を仮定しやすくなる。一方、現実としては、経過期間が120カ月ほど経つとデータ件数が不足するので、推定の安定性に問題が生じる。そこで、経過期間が101～120の20カ月分の平均的な状態推移確率行列$\bar{\mathbf{Q}}$を計算し、経過期間が121～420までその状態推移確率行列$\bar{\mathbf{Q}}$を繰り返し適用するという考え方もある。その場合、バーゼルⅡ基準によるデフォルト時点τから時点$\tau+\lambda_i$までの累積状態推移確率行列$\tilde{\mathbf{Q}}(\tau,\tau+\lambda_i)$は、

$$\begin{cases} \tilde{\mathbf{Q}}(\tau,\tau+\lambda_i)=\prod_{j=1}^{i}\tilde{\mathbf{Q}}(\tau+\lambda_{j-1},\tau+\lambda_j) & ,\ \text{if}\quad 1\leq i\leq 120 \\ \tilde{\mathbf{Q}}(\tau,\tau+\lambda_i)=\prod_{j=1}^{120}\tilde{\mathbf{Q}}(\tau+\lambda_{j-1},\tau+\lambda_j)\prod_{j=121}^{i}\bar{\mathbf{Q}} & ,\ \text{if}\quad 120<i \end{cases} \tag{7.16}$$

で計算できる。

図7.2は、バーゼルⅡ基準でデフォルトとして認識されたものが、経過期間λとともにどのような状態に推移したかを例示したものである。バーゼルⅡ基準によるデフォルトでは、吸収状態デフォルト（d）と非吸収状態デフォルト（b）が含まれている。図の左端の吸収状態デフォルト（d）の確率が34.9%となっているのは、バーゼルⅡ基準でデフォルトとして認識されたもののうち、34.9%が代弁返済による完全なデフォルト、残りの65.1%が非吸収状態デフォルト（b）であることを意味している。バーゼルⅡ基準でデフォルトとして認識されたものは、完済（c）、正常状態（n）、非吸収状態デフォルト（b）、吸収状態デフォルト（d）という4つの状態に経過期間ごとに推移し、その状態推移確率行列は（7.16）式で与えられた。図7.2では、バーゼルⅡ基準でデフォルトとして認識された時点で、非吸収状

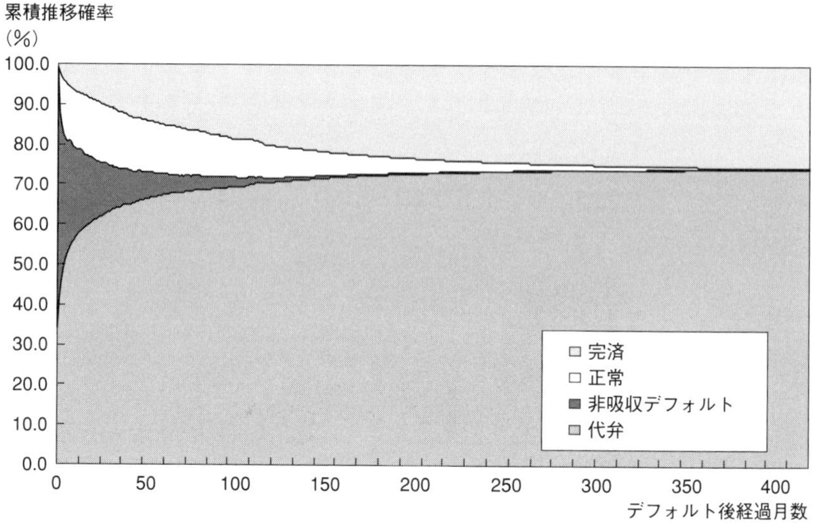

図7.2　バーゼルⅡ基準のデフォルト認識による、経過期間と状態推移

態デフォルト（b）であった65.1%の部分がどのように吸収状態デフォルト（d）に移行し、どのように完済（c）に至ったかという期間構造を知ることができる。この図からは、バーゼルⅡ基準でデフォルトとして認識されたもののうち、最終時点では25.4%は完済（c）され、74.6%は吸収状態デフォルト（d）に陥っていることがわかる。

これまでの議論のなかで、経過期間が120カ月を超える部分について、（7.16）式から計算されるデフォルト時点 τ から時点 $\tau+\lambda_i$ までの累積確率推移行列 $\tilde{\mathbf{Q}}(\tau, \tau+\lambda_i)$ によって、デフォルト時点 τ から時点 $\tau+\lambda_i$ までの累積吸収状態デフォルト率 $\hat{q}_{bd}(\tau, \tau+\lambda_i)$ を求めた。この方法の特徴は、実データが存在しない121期から420期までのデータ期間に対し、経過期間101～120の状態推移確率行列の平均値である $\bar{\mathbf{Q}}$ を用いたという点である。これは、吸収状態デフォルト（d）に陥る確率 $\hat{q}_{bd}(\tau, \tau+\lambda_i)$ と経過期間 λ_i には期間構造があり、経過期間 λ_i が長くなるほど吸収状態デフォルト（d）に陥る確率 $\hat{q}_{bd}(\tau, \tau+\lambda_i)$ の水準は安定してくる（微分値の値が小さくなる）という関係を利用している。すなわち、経過期間が100カ月を超えると、吸収状態デフォルト（d）に陥る確率 $\hat{q}_{bd}(\tau, \tau+\lambda_i)$ の水準は一定であると仮定している。$\hat{q}_{bd}(\tau, \tau+\lambda_i)$ の水準の変化幅は、経過期間 λ_i が長くなるほど減少すると考えるのが自然とすれば、一定であると考えることは保守的評価の観点からも妥当であると想定される。そこで、経過期間101～120のデータから算出された、平均値としての状態推移確率行列 $\bar{\mathbf{Q}}$ を用い、状態推移確率行列 $\bar{\mathbf{Q}}$ は時間によって変化しないという斉時性を仮定したうえで、経過期間121～420の間に吸収状態デフォルト（d）に陥る確率 $\hat{q}_{bd}(\tau, \tau+\lambda_i)$ を推定したのである。この方法を用いる場合の留意点としては、経過期間101～120のデータはサンプル数が少なくなるため、わずかな数のサンプルが吸収状態デフォルト（d）に陥っただけで、1ステップの吸収状態デフォルト（d）確率 $q_{bd}(\tau+\lambda_{i-1}, \tau+\lambda_i)$ が大きく変化してしまうことである。つまり、推定誤差の大きな平均値としての状態推移確率行列 $\bar{\mathbf{Q}}$ を、経過期間121～420の間に適用するため、誤差の拡大を招く可能性があることに注意する必要がある。

次に、デフォルト時点 τ から時点 $\tau+\lambda_i$ までの累積吸収状態デフォルト率 $q^*(\tau, \tau+\lambda_i)$ に対し、経過期間 λ_i との間に関数 $q^*(\tau, \tau+\lambda_i)=f(\lambda_i)$ を想定するケースについて検討する。このときの留意点は、経過期間120までの間の実データによって関数 $q^*(\tau, \tau+\lambda_i)=f(\lambda_i)$ の形が決定し、この関数の形が経過期間121～420の推定値を決定するということである。一方、この関数の関数の推定は、過去の累積吸収状態デフォルト率 $\hat{q}(\tau, \tau+\lambda_i)$ の実績値さえわかればよく、状態推移確率行列を推定するという相応の負荷を軽減することができる。

ここでは、デフォルト時点 τ から時点 $\tau+\lambda_i$ までの累積吸収状態デフォルト率 $q^*(\tau, \tau+\lambda_i)$ の関数形として、以下のべき乗近似と、対数近似の2種類の関数形を用いて分析を行う。

① べき乗近似

$$q^*(\tau, \tau+\lambda_i) = \alpha\lambda_i^{\beta} \quad (7.17)$$

② 対数近似

$$q^{\#}(\tau, \tau+\lambda_i) = \alpha' \ln(\lambda_i) + \beta' \qquad (7.18)$$

ここで、状態推移確率行列を使うモデルと、関数形を用いるモデルの違いについてもう一度整理しておく。

〈ポイント〉

① 利用可能なデータは商品によって異なり、120カ月（10年分）のデータが実績値として利用可能なもの、20カ月のデータしか利用できないものなどがある。LGDの推定では、これらの限られたデータを利用して、ローン残高がなくなる時点（たとえば420カ月後）までの吸収状態デフォルトに陥る可能性をウオッチする必要がある。

② LDGの推計では、バーゼルⅡ基準でデフォルトとして認識されたものが、経過期間 λ 後に吸収状態デフォルト（d）になる累積吸収状態デフォルト率 $\hat{q}(\tau, \tau+\lambda_i)$ のみがわかればよい。

③ 状態推移確率行列を使うモデルも、関数形を用いるモデルも、利用可能なデータ期間についてはあくまでも実績値としての累積吸収状態デフォルト率を利用する。違いは、実績値以降の経過期間に対する推定方法のみの違いである。

④ 累積吸収状態デフォルト率 $\hat{q}(\tau, \tau+\lambda_i)$ は経過期間 λ の関数となるが、経過期間 λ ごとの１ステップの吸収状態デフォルト率 $q(\tau+\lambda_{i-1}, \tau+\lambda_i)$ は、経過期間 λ が経つにつれ減少する関数となる。これは、リスクの高い債務は早い段階で吸収状態デフォルト（d）に陥るため、残っている債務は経過期間 λ が経つほど優良なものとなるためである。したがって、累積吸収状態デフォルト率 $\hat{q}(\tau, \tau+\lambda_i)$ は、経過期間 λ が経つにつれ傾きのない直線となってくる。

(1) 状態推移確率行列を使うモデルの特性

（利点）

① 実績値以降の経過期間に対する累積吸収状態デフォルト率 $\hat{q}(\tau, \tau+\lambda_i)$ を状態確率行列 $\mathbf{Q}$ の積で計算することができる。そのため、推定値は確率であることが保証され、累積吸収状態デフォルト率 $\hat{q}$

$(\tau, \tau+\lambda_i)$ は、$0 \leq \hat{q}(\tau, \tau+\lambda_i) \leq 1$ という条件が満たされる。

(留意点)

① 実データのサンプル数は、経過期間が経つにつれ指数的に減少していく。このことは、経過期間が経つにつれ状態推移確率行列 $\hat{q}(\tau, \tau+\lambda_i)$ の推定値の信頼性が著しく低下し、1件当りのデータの重みが増大することを意味している。

② 過去データによって計算される状態推移確率行列はあくまでも実績値であり、経過期間ごとに別々の状態推移確率行列が求められる。この経過期間ごとの状態推移確率行列が、図7.2に示すような累積吸収状態デフォルト率 $\hat{q}(\tau, \tau+\lambda_i)$ の時間的な傾き(微分値)を決めていることになる。実績値以降の経過期間に対する累積吸収状態デフォルト率 $\hat{q}(\tau, \tau+\lambda_i)$ を状態推移確率行列によって推定する場合、実績値以降の情報はないため、推移確率 $\bar{\mathbf{Q}}$ は時間に依存しないという斉時性を仮定することになる。これは、累積吸収状態デフォルト率 $\hat{q}(\tau, \tau+\lambda_i)$ の傾き相当分を延長する形で推定されることになる。したがって、推移確率 $\bar{\mathbf{Q}}$ は比較的安定した状態での推定値であることが望ましい。一方、①で述べたように、状態推移確率行列はあくまでも確率であり、その信頼性は経過時点におけるサンプル数に依存するため、等質のデータではない。(7.16)式では、経過期間が101〜120の20カ月分の平均的な推移確率 $\bar{\mathbf{Q}}$ を用いたが、実データで推定すると、その値はきわめて不安定なものとなる。一方、推定値の信頼精度を上げるために、平均をとる期間を延長させた場合には、今度は傾きの上昇を招くことになりバランスがむずかしい。このように、状態推移確率行列を用いたモデルは、信頼性が劣るということを前提に評価する必要性がある。

③ 利用可能な実データの経過期間が短い場合、実績値以降に用いる状態推移確率行列 $\bar{\mathbf{Q}}$ はきわめて傾きの高いものとなる。この状態推移確率行列 $\bar{\mathbf{Q}}$ に斉時性を仮定してより長期に適用した場合、現状とは

かけ離れた累積吸収状態デフォルト率 $\hat{q}(\tau, \tau+\lambda_i)$ の期間構造となる可能性がある。

④　状態推移確率行列を使うモデルでは、斉時性の仮定が重要となる。つまり、観測された最終経過期間に近い部分の、ごく少ないデータで推計された状態推移確率行列 $\bar{\mathbf{Q}}$ という１つの行列が、それ以降の累積吸収状態デフォルト率の推定に一定値として使われるという点である。すなわち、状態推移確率行列 $\bar{\mathbf{Q}}$ がLGDの水準を決めることになる。

(発展性)

LGDを評価するためには、将来の吸収状態デフォルト確率 $q_{bd}(\tau, \tau+\lambda_i)$ にトレンドやストレスを加味できるようなモデルが求められる。なお、ここではトレンドの定義を、過去データから観測される方向性という解釈に立ち、吸収状態デフォルト確率 $q_{bd}(\tau, \tau+\lambda_i)$ などの状態推移確率が時間とともに増加する傾向や、減少する傾向を意味するものとする。また、ストレスとは、特定のリスク・ファクターに対してエクスポージャーの値をより保守的評価となるように修正する意味で用いる。ストレスについては、リスク・ファクターの選定だけでなく、エクスポージャーをどう決めるかという問題と、こうしたストレスを表現しやすいモデルの構築という検討が必要となる。斉時性を仮定した状態推移確率行列では、状態推移確率行列 $\bar{\mathbf{Q}}$ の吸収状態デフォルト（d）に陥る確率 $p_{bd}(t, t+1)$、完済（c）に至る確率 $p_{bc}(t, t+1)$ は過去データから推定される。これらに時系列変動（トレンド）を加味するためには、吸収状態デフォルト（d）に陥る確率を $at \times p_{bd}(t, t+1)$、完済に至る確率を $bt \times p_{bc}(t, t+1)$ というように恣意的に修正した状態推移確率を利用する方法がある。しかし、この a, b のパラメータを外生的に与える場合、その根拠を明示することがむずかしいという問題がある。また、ストレスを加味するには、吸収状態デフォルト（d）に陥る確率を $a+p_{bd}(t, t+1)$、完済に至る確率を $b+p_{bc}(t, t+1)$ というように、修正係数 a, b を吸収状態デフォルト（d）確率、もしくは完済（c）確率に上乗せするという方法もある。一方、$at \times p_{bd}(t, t+1)$ のような形で表現した場合には、ストレスが時間とともに増大するということを表現しているととらえることも可能である。

(2) 関数形を使うモデルの特性

（利点）

① 累積吸収状態デフォルト率 $\hat{q}(\tau, \tau+\lambda_i)$ の構造を、過去データの実績値から関数の形として特定するので、過去の全データをパラメータ推定に利用することができる。

② 関数の形に妥当性があるということを前提にすると、利用可能な実データの経過期間が短い場合であっても、ある程度もっともらしい形の累積吸収状態デフォルト率 $q^*(\tau, \tau+\lambda_i)$ の期間構造を推定することができる。

（留意点）

① 累積吸収状態デフォルト率 $q^*(\tau, \tau+\lambda_i)$ に対して、ある関数を当てはめるということの根拠はない。ここでは、ある関数のパラメータの値を実績値から推定しているわけであるが、この関数に対して経過期間を延長してよいかどうかという情報はない。

② データ観測期間が短い場合、吸収状態デフォルト（d）に陥る累積確率 $\tilde{q}_{bd}(\tau, \tau+\lambda_i)$ の傾きは大きく、その状態で推定されたパラメータによって将来の吸収状態デフォルト確率を推定した場合、吸収状態デフォルト累積確率 $q^*(\tau, \tau+\lambda_i)$ が1を超えるという状況もありうる。

（発展性）

対数関数やべき乗関数は、過去のデータを最もよく説明する関数として推定されるため、この関数にはトレンドが直接表現されていることになる。ストレスを加味する場合には、推定されたパラメータ値を、その信頼区間などによって保守的な評価となるように修正するということで対応可能である。

図7.3の実線は、（7.16）式の状態推移確率行列をもとに計算した、吸

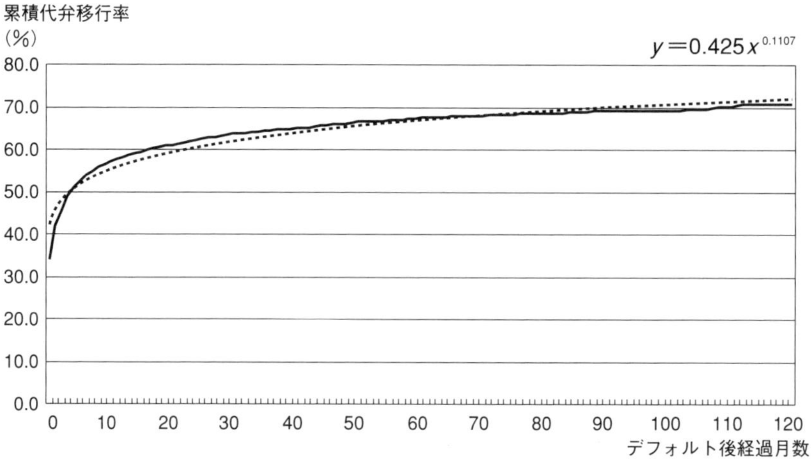

図7．3　バーゼルⅡ基準のデフォルト認識による、経過期間と累積吸収状態デフォルト率

収状態デフォルト（d）に移行した累積吸収状態デフォルト率を経過期間別に表示したものであり、図7．2の吸収状態デフォルト（d）の部分を抜き出したものである。この傾き（厳密には微分値）が単位経過期間当りの非吸収状態デフォルト（b）から吸収状態デフォルト（d）に陥る割合を示している。また、点線は、（7．17）式のべき乗近似を用い、経過期間 λ_i を説明変数として累積吸収状態デフォルト率 $q^*(\tau, \tau+\lambda_i)$ を推定したものである。推定された関数は、

$$q^*(\tau, \tau+\lambda_i) = 0.425\lambda_i^{0.1107} \qquad (7.19)$$

となった。また、対数近似の推定された関数は、

$$q^{\#}(\tau, \tau+\lambda_i) = 0.0639\ln(\lambda_i) + 0.4081 \qquad (7.20)$$

である。

べき乗近似によって推定された累積吸収状態デフォルト率 $q^*(\tau, \tau+\lambda_i)$ は、関数の形を決めているので滑らかなカーブを描いている。

7.4 LGDの推定

LGDの評価では、非吸収状態デフォルト（b）にあるものの回収率の計測がむずかしく、非吸収状態デフォルト（b）にあったものが吸収状態デフォルト（d）に陥る割合を評価する必要がある。精緻で複雑なモデルは、性質の安定したデータに対して適用する場合はよいが、ここで利用するようなデータについては、モデルの頑健性が確保できず、逆に複雑さのためにモデル・リスクが生じる可能性もある。そこで、本節では、本質を歪めない範囲で簡易なLGD評価モデルについて検討する。

LGDの推定では、回収の対象となる債権、すなわち評価開始時点s_jから評価最終時点s_{j+1}までの間に1度でも非吸収状態デフォルト（b）に陥ったものと、吸収状態デフォルト（d）に陥ったものが評価対象となる。したがって、LGDの推定では、非吸収状態デフォルト（b）と吸収状態デフォルト（d）の2つの状態のみを想定すればよい。ここで、非吸収状態デフォルト（b）に陥った時点をτ_b、吸収状態デフォルト（d）に陥った時点をτ_d、バーゼルII基準によるデフォルト時点（非吸収状態デフォルト（b）、もしくは吸収状態デフォルト（d）に陥ったもの）をτで表す。非吸収状態デフォルト（b）は吸収状態デフォルト（d）の早期アラームであり、$s_j < \tau = \tau_b \leq \tau_d$という関係が成り立つ。

非吸収状態デフォルト（b）にある債権から、時点$\tau_b + \lambda_i$で得られる弁済キャッシュフローを$Y(\tau_b + \lambda_i)$とおく。また、時点τ_dで吸収状態デフォルト（d）に陥った債権から、時点$\tau_d + \lambda_i$以降に得られる回収可能な全ネット金額の現在価値の期待値を$\hat{R}(\tau_d)$とおく。吸収状態デフォルト（d）に陥ってからの最大回収期間をT_R、時点τ_dで吸収状態デフォルト（d）に陥った債権から、時点$\tau_d + \lambda_i$で得られる回収可能なネット金額を$R(\tau_d + \lambda_i)$とおくと、

$$\hat{R}(\tau_d) = E_{\tau_d}\left[\sum_{i=1}^{T_R} R(\tau_d + \lambda_i) e^{-\hat{r}\lambda_i}\right] \tag{7.21}$$

が得られる。

ここで、評価開始時点 s_j と評価最終時点（リスクホライゾン）s_{j+1} との間でデフォルトとして認識される債権、つまり一度でも非吸収状態デフォルト（b）になった債権、もしくは吸収状態デフォルト（d）に陥った債権について検討する。

まず、定義関数を以下のように定義する。

$$1_{\{\cdot\}} = \begin{cases} 1 & \text{if} \quad \{\cdot\}\text{が正} \\ 0 & \text{if} \quad \{\cdot\}\text{が非} \end{cases}$$

すなわち、$1_{\{s_j+\lambda_i<\tau_d\}}$ と表した場合には、$s_j+\lambda_i<\tau_d$ が正のとき、つまり時点 $s_j+\lambda_i$ までの間に吸収状態デフォルト（d）に陥っていない場合は1を、時点 $s_j+\lambda_i$ までの間に吸収状態デフォルト（d）に陥っている場合は0を返す変数を意味する。ローン残高がなくなる最終時点を s_E とおき、この定義関数を用いると、時点 $s_j+\lambda_i$ における回収キャッシュフローの期待値 $L(s_j+\lambda_i)$ は、

$$L(s_j+\lambda_i) = E_{s_j+\lambda_i}\left[Y(s_j+\lambda_i)\times 1_{\{\tau_b\leq s_j+\lambda_i<\tau_d\leq s_E\}} + \hat{R}(s_j+\lambda_i)\times 1_{\{s_j+\lambda_i=\tau_d\}}\right]$$

で求めることができる。したがって、バーゼルⅡ基準によるデフォルト時点 τ における、全将来キャッシュフローの現在価値の期待値 $L(\tau)$ は、

$$L(\tau) = \left[\sum_{i=1}^{\tau+\lambda_i=s_E} E_\tau\left[Y(\tau+\lambda_i)e^{-\hat{r}\lambda_i}\times 1_{\{\tau+\lambda_i<\tau_d\}} + \hat{R}(\tau+\lambda_i)e^{-\hat{r}\lambda_i}\times 1_{\{\tau+\lambda_i=\tau_d\}}\right]\right] \tag{7.22}$$

で計算することができる。ここで、弁済キャッシュフロー $Y(\tau+\lambda_i)$、回収可能な全ネット金額の現在価値の期待値 $\hat{R}(\tau+\lambda_i)$、割引金利 $\hat{r}$、非吸収状態デフォルト（b）時点 τ_b、吸収状態デフォルト（d）時点 τ_d をそれぞれ独立であると仮定すると、（7.22）式は、

$$L(\tau) = \sum_{i=1}^{\tau+\lambda_i=s_E} \left\{E_\tau\left[Y(\tau+\lambda_i)e^{-\hat{r}\lambda_i}\times 1_{\{\tau+\lambda_i<\tau_d\}}\right] + E_\tau\left[\hat{R}(\tau+\lambda_i)e^{-\hat{r}\lambda_i}\times 1_{\{\tau+\lambda_i=\tau_d\}}\right]\right\}$$

$$= \sum_{i=1}^{\tau+\lambda_i=s_E} \{E_\tau[Y(\tau+\lambda_i)e^{-\hat{r}\lambda_i}]E_\tau[1_{\{\tau+\lambda_i<\tau_d\}}]$$

$$+E_\tau[\hat{R}(\tau+\lambda_i)e^{-\hat{r}\lambda_i}]E_\tau[1_{\{\tau+\lambda_i=\tau_d\}}]\}$$

$$= \sum_{i=1}^{\tau+\lambda_i=s_E} \{E_\tau[Y(\tau+\lambda_i)e^{-\hat{r}\lambda_i}]P\{\tau+\lambda_i<\tau_d\}$$

$$+E_\tau[\hat{R}(\tau+\lambda_i)e^{-\hat{r}\lambda_i}]P\{\tau+\lambda_i=\tau_d\}\} \tag{7.23}$$

となる。ここで、$P\{\tau+\lambda_i<\tau_d\}$ は時点 $\tau+\lambda_i$ では吸収状態デフォルト（d）に陥っていない確率であり、$P\{\tau+\lambda_i=\tau_d\}$ は時点 $\tau+\lambda_{i-1}$ から時点 $\tau+\lambda_i$ の間で吸収状態デフォルト（d）に陥った確率を意味している。（7.11）式の1ステップの状態推移確率行列を用いると、

$$P\{\tau+\lambda_i<\tau_d\} = 1-\hat{p}_{bd}(\tau_i, \tau+\lambda_i)$$

$$P\{\tau+\lambda_i=\tau_d\} = p_{bd}(\tau+\lambda_{i-1}, \tau+\lambda_i)$$

で計算できる。したがって、（7.23）式は、

$$L(\tau) = \sum_{i=1}^{\tau+\lambda_i=s_E} \{E_\tau[Y(\tau+\lambda_i)e^{-\hat{r}\lambda_i}](1-\hat{p}_{bd}(\tau_i, \tau+\lambda_i))$$

$$+E_\tau[\hat{R}(\tau+\lambda_i)e^{-\hat{r}\lambda_i}]p_{bd}(\tau+\lambda_{i-1}, \tau+\lambda_i)\} \tag{7.24}$$

となる。ただし、$\lambda_0=0$ である。

バーゼルⅡ基準によるデフォルト時点 τ における債務残高を $W(\tau)$ とおくと、回収率 $\delta(\tau)$ は、

$$\delta(\tau) = \frac{L(\tau)}{W(\tau)}$$

$$= \sum_{i=1}^{\tau+\lambda_i=s_E} \left\{ \frac{E_\tau[Y(\tau+\lambda_i)e^{-\hat{r}\lambda_i}]}{W(\tau)} (1-\hat{p}_{bd}(\tau_i, \tau+\lambda_i)) \right.$$

$$\left. + \frac{E_\tau[\hat{R}(\tau+\lambda_i)e^{-\hat{r}\lambda_i}]}{W(\tau)} p_{bd}(\tau+\lambda_{i-1}, \tau+\lambda_i) \right\}$$

$$= \sum_{i=1}^{\tau+\lambda_i=s_E} \{\delta_b(\tau+\lambda_i)(1-\hat{p}_{bd}(\tau_i, \tau+\lambda_i))$$

$$+\delta_d(\tau+\lambda_i)p_{bd}(\tau+\lambda_{i-1}, \tau+\lambda_i)\} \tag{7.25}$$

で計算される。ただし、

$$\delta_b(\tau+\lambda_i)=\frac{E_\tau[Y(\tau+\lambda_i)e^{-\hat{r}\lambda_i}]}{W(\tau)} \tag{7.26}$$

$$\delta_d(\tau+\lambda_i)=\frac{E_\tau[\hat{R}(\tau+\lambda_i)e^{-\hat{r}\lambda_i}]}{W(\tau)} \tag{7.27}$$

とおいた。なお、(7.27) 式の $\hat{R}(\tau+\lambda_i)$ は、(7.21) 式で求められる時点 $\tau+\lambda_i$ 以降に得られる回収可能なネット金額の期待値である。

(7.25) 式より、LGD(τ) は、

$$\begin{aligned}\mathrm{LGD}(\tau)=1-\sum_{i=1}^{\tau+\lambda_i=s_E}\{&\delta_b(\tau+\lambda_i)(1-\hat{p}_{bd}(\tau,\tau+\lambda_i))\\&+\delta_d(\tau+\lambda_i)p_{bd}(\tau+\lambda_{i-1},\tau+\lambda_i)\}\end{aligned} \tag{7.28}$$

で計算される。

過去データから推定された、吸収状態デフォルトとなった時点 τ_d から経過期間 λ_i 後の時点 $\tau_b+\lambda_i$ での回収率 $\tilde{\delta}_d(\lambda_i)$ を、

$$\tilde{\delta}_d(\lambda_i)=\frac{\tilde{R}_d(\tau_d+\lambda_i)e^{-\hat{r}\lambda_i}}{W(\tau_d)}+\varepsilon_d(\lambda_i) \tag{7.29}$$

で求める。ただし、$\tilde{R}_d(\tau_d+\lambda_i)$ は吸収状態デフォルトとなった時点 τ_d 後の時点 $\tau_d+\lambda_i$ で実際に回収されたネット金額の平均値であり、$W(\tau_d)$ は吸収状態デフォルトとなった時点 τ_d での残高平均、$\varepsilon_d(\lambda_i)$ は推定誤差を意味する。また、吸収状態デフォルトとなった時点 τ_d から経過期間 λ_n までの累積回収率 $\hat{\delta}_d(\lambda_n)$ は、

$$\begin{aligned}\hat{\delta}_d(\lambda_n)&=\sum_{i=1}^{n}\tilde{\delta}_d(\lambda_i)=\frac{1}{W(\tau_d)}\sum_{i=1}^{n}\tilde{R}_d(\tau_d+\lambda_i)e^{-\hat{r}\lambda_i}+\sum_{i=1}^{n}\varepsilon_d(\lambda_i)\\&=\frac{1}{W(\tau_d)}\sum_{i=1}^{n}\tilde{R}_d(\tau_d+\lambda_i)e^{-\hat{r}\lambda_i}+\tilde{\varepsilon}_d\end{aligned} \tag{7.30}$$

で計算する。なお、$\tilde{\varepsilon}_d=\sum_{i=1}^{n}\varepsilon_d(\lambda_i)$ とした。

次に、非吸収状態デフォルト (b) にあるキャッシュフローについて検討

する。(7.25) 式を複雑なものとしているのは、時点 $s_j+\lambda_i$ での弁済キャッシュフロー $Y(s_j+\lambda_i)$ の推定値が必要になるという点である。実際の弁済キャッシュフローには、プリペイメントによる期限前解約、一部繰上げ返済などの要因もあり、弁済キャッシュフローの推定値を算出することは必ずしも容易ではない。そこで、図7.2で示したように、ローン残高がなくなる最終時点 s_E では、債権の状態は完済 (c) か吸収状態デフォルト (d) の2つの状態しかないという性質を利用し、モデルを簡略化する。

バーゼルⅡ基準によるデフォルト時点 τ で非吸収状態デフォルト(b)であったものが、ローン残高のなくなる最終時点 s_E で完済される割合 $\eta(s_E)$ は、

$$\eta(s_E) = 1 - \hat{p}_{bd}(\tau, s_E) \tag{7.31}$$

で求められる。

吸収状態デフォルト (d) に陥らない限り、弁済は行われている。バーゼルⅡ基準によるデフォルト時点 τ での債務残高 $W(\tau)$ のうち、割合 $\eta(s_E)$ の部分はローン残高のなくなる最終時点 s_E までに回収可能であったはずであり、この回収可能な全ネットキャッシュフローの、バーゼルⅡ基準によるデフォルト時点 τ での現在価値の期待値 $\tilde{Y}(\tau)$ は、

$$\tilde{Y}(\tau) = W(\tau) \times \eta(s_E) \tag{7.32}$$

で計算できると仮定する。さらに、(7.25) 式で、

$$\tilde{Y}(\tau) = \sum_{i=1}^{\tau+\lambda_i=s_E} E_\tau[Y(\tau+\lambda_i)e^{-\hat{r}\lambda_i}](1 - \hat{p}_{bd}(\tau_i, \tau+\lambda_i))$$

とおき、

$$\delta_b(\tau) = \frac{\tilde{Y}(\tau)}{W(\tau)} = \eta(s_E) \tag{7.33}$$

とすると、(7.25) 式は、

$$\begin{aligned}\delta(\tau) &= \delta_b(\tau) + \sum_{i=1}^{\tau+\lambda_i=s_E} \left\{ \frac{E_\tau[\hat{R}(\tau+\lambda_i)e^{-\hat{r}\lambda_i}]}{W(\tau)} p_{bd}(\tau+\lambda_{i-1}, \tau+\lambda_i) \right\} \\ &= \frac{\tilde{Y}(\tau)}{W(\tau)} + \sum_{i=1}^{\tau+\lambda_i=s_E} \left\{ \frac{E_\tau[\hat{R}(\tau+\lambda_i)e^{-\hat{r}\lambda_i}]}{W(\tau)} p_{bd}(\tau+\lambda_{i-1}, \tau+\lambda_i) \right\}\end{aligned}$$

$$= \eta(s_E) + \sum_{i=1}^{\tau+\lambda_i=s_E} \left\{ \frac{E_\tau[\hat{R}(\tau+\lambda_i)e^{-\hat{r}\lambda_i}]}{W(\tau)} p_{bd}(\tau+\lambda_{i-1}, \tau+\lambda_i) \right\} \tag{7.34}$$

となる。

非吸収状態デフォルト（b）にある債権については、その後、吸収状態デフォルトに陥る可能性については考慮されている。ここでは、より保守的な評価を前提に、毀損額の期待値相当分を回収可能金額から控除することとする。回収可能金額に対する毀損額の割合を毀損率 κ とすると、毀損率修正後の、回収可能金額のバーゼルⅡ基準によるデフォルト時点 τ での期待値 $\tilde{Y}^{(\kappa)}(\tau)$ は、

$$\tilde{Y}^{(\kappa)}(\tau) = W(\tau) \times \eta(s_E) \times (1-\kappa) \tag{7.35}$$

で求められる。この値を用いると、非吸収状態デフォルト（b）にある債権の回収率は

$$\delta_b^{(\kappa)}(\tau) = \frac{\tilde{Y}^{(\kappa)}(\tau)}{W(\tau)} = \eta(s_E)(1-\kappa) \tag{7.36}$$

で計算される。

（7.29）式の回収率$\tilde{\delta}_d(\lambda_i)$ を（7.28）式の $\delta_d(\tau+\lambda_i)$ の推定値として、（7.36）式の回収率 $\delta_b^{(\kappa)}(\tau)$ を（7.28）式の $\delta_b(\tau+\lambda_i)$ の推定値として用いると、（7.28）式の $\mathrm{LGD}(\tau)$ は、（7.34）式より

$$\begin{aligned} \mathrm{LGD}(\tau) &= 1 - \sum_{i=1}^{\tau+\lambda_i=s_E} \Bigg[\delta_b^{(\kappa)}(\lambda_i)(1-\hat{p}_{bd}(\tau, \tau+\lambda_i)) \\ &\qquad + \left\{ \sum_{j=1}^{\infty} \tilde{\delta}_d(\lambda_j) \right\} p_{bd}(\tau+\lambda_{i-1}, \tau+\lambda_i) \Bigg] \\ &= 1 - \eta(s_E)(1-\kappa) - \sum_{i=1}^{\tau+\lambda_i=s_E} \delta_d^* p_{bd}(\tau+\lambda_{i-1}, \tau+\lambda_i) \\ &= 1 - \eta(s_E)(1-\kappa) - \delta_d^* p_{bd}(\tau, s_E) \end{aligned} \tag{7.37}$$

で計算できる。ただし、最終的な累積回収率を$\sum_{j=1}^{\infty} \tilde{\delta}_d(\lambda_j) = \delta_d^*$とした。

また、割引金利を $\hat{r}$ とし、割引金利を考慮した$\mathrm{LGD}_r(\tau)$ は

$$\mathrm{LGD}_r(\tau) = 1 - \eta(s_E)(1-\kappa) - \sum_{i=1}^{\tau+\lambda_i=s_E}\left[\left\{\sum_{j=1}^{\infty}\tilde{\delta}_d(\lambda_j)e^{-\hat{r}(\lambda_i+\lambda_j-1)}\right\}p_{bd}(\tau+\lambda_{i-1},\tau+\lambda_i)\right] \quad (7.38)$$

で計算される。

7．5　状態推移確率行列の最適化によるデフォルト確率の推定

LGD評価をむずかしくしている原因は、時点τでデフォルトと認識された債権が、時点$\tau+\lambda_i$までの間に、どのぐらい吸収状態デフォルト（d）に陥るのかという累積吸収状態デフォルト確率$\hat{q}_{bd}(\tau,\tau+\lambda_i)$の推定が必要なことである。これまでの検討のなかで、時点τでデフォルトとして認識された債権が、それ以降の時点$\tau+\lambda_i$で吸収状態デフォルトに陥る確率を推定するための方法として、

① 斉時性を仮定した状態推移確率行列によって、将来の吸収状態デフォルト確率$q_{bd}(\tau,\tau+\lambda_i)$を推定するモデル

② 対数関数やべき乗関数によって、将来の吸収状態デフォルト確率$q^*(\tau,\tau+\lambda_i)$, $q^\#(\tau,\tau+\lambda_i)$を推定するモデル

を想定し、それぞれのモデルによってLGDを算出した。

一方、LGD推定モデルを実務的な観点から考えると、満期時点では吸収状態デフォルトと完済しかないという状態が保証されていなければならず、将来の吸収状態デフォルト確率$q_{bd}(\tau,\tau+\lambda_i)$は$0\leq q_{bd}(\tau,\tau+\lambda_i)\leq 1$の範囲で、累積吸収状態デフォルト確率$\hat{q}_{bd}(\tau,\tau+\lambda_i)$は$0\leq\hat{q}_{bd}(\tau,\tau+\lambda_i)\leq 1$の範囲でなければならない。こうした条件を満たすために、以下に述べる非斉時性を仮定した状態推移確率行列のモデルを利用する方法もある。

LGDの推定では、デフォルトした時点τ後の、吸収状態デフォルト確率$q_{bd}(\tau,\tau+\lambda_i)$と完済確率$q_{bc}(\tau,\tau+\lambda_i)$の推定が重要となる。一方、実データの観測期間には制約があり、デフォルトした時点τからローン満期まで

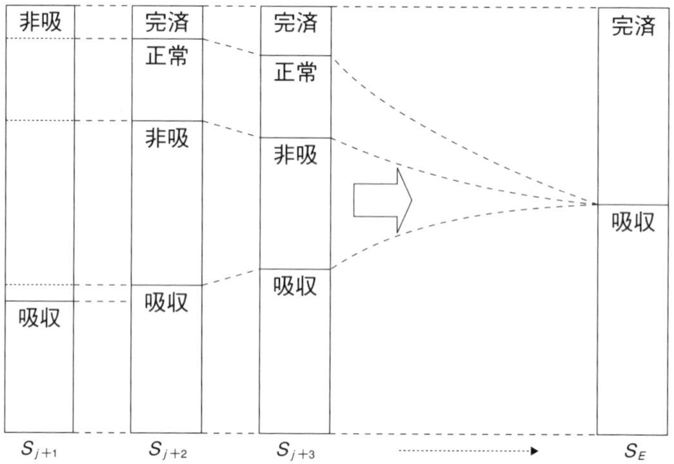

図７．４　債権の状態推移

の、経過期間別の吸収状態デフォルト確率と完済確率は過去実績としては保有されていない。ここで、データとして観測可能な最長（最終）の、デフォルト時点 τ からの経過期間を $\lambda^{(E)}$ とし、$0 \leq \lambda^{(1)} \leq \lambda^{(2)} \leq \lambda^{(E)}, \lambda^{(2)} - \lambda^{(1)} = \lambda^{(E)} - \lambda^{(2)} = \lambda_C$ という関係を満たす経過時点 $\lambda^{(1)}, \lambda^{(2)}$ を決める。たとえば、実データの観測期間が120カ月である場合には、$\lambda^{(E)} = 120$ であり、$\lambda^{(1)} = 60$、$\lambda^{(2)} = 90$ とした。これは、デフォルトしてからの時間が経過するほど状態推移は安定することから、データとして観測可能な最長（最終）の経過期間を超える部分の状態推移の予測として、実データの観測期間の最終時点に近い状態推移確率を使いたいという実務的要請による。そのため、①の斉時性を仮定した状態推移確率行列を利用したモデルでは、経過期間が101～120の20カ月分の平均的な状態推移確率 $\bar{\mathbf{Q}}$ を計算し、その状態推移確率 $\bar{\mathbf{Q}}$ を経過期間が121～420まで適用するという方法をとった。これに対し、非斉時性を仮定した状態推移確率行列を利用したモデルでは、状態推移を①完済（c）、②正常状態＋非吸収状態デフォルト（o）、③吸収状態デフォルト（d）の３つの状態を想定し、時点 $\tau + \lambda^{(1)}$ から時点 $\tau + \lambda^{(2)}$ における状態推移確率行列を

$$\tilde{\mathbf{Q}}(\tau+\lambda^{(1)},\tau+\lambda^{(2)})$$
$$=\begin{pmatrix} q_{cc}(\tau+\lambda^{(1)},\tau+\lambda^{(2)}) & q_{co}(\tau+\lambda^{(1)},\tau+\lambda^{(2)}) & q_{cd}(\tau+\lambda^{(1)},\tau+\lambda^{(2)}) \\ q_{oc}(\tau+\lambda^{(1)},\tau+\lambda^{(2)}) & q_{oo}(\tau+\lambda^{(1)},\tau+\lambda^{(2)}) & q_{od}(\tau+\lambda^{(1)},\tau+\lambda^{(2)}) \\ q_{dc}(\tau+\lambda^{(1)},\tau+\lambda^{(2)}) & q_{do}(\tau+\lambda^{(1)},\tau+\lambda^{(2)}) & q_{dd}(\tau+\lambda^{(1)},\tau+\lambda^{(2)}) \end{pmatrix}$$
$$=\begin{pmatrix} 1 & 0 & 0 \\ q_{oc}(\tau+\lambda^{(1)},\tau+\lambda^{(2)}) & q_{oo}(\tau+\lambda^{(1)},\tau+\lambda^{(2)}) & q_{od}(\tau+\lambda^{(1)},\tau+\lambda^{(2)}) \\ 0 & 0 & 1 \end{pmatrix} \quad (7.39)$$

で表す。また、時点 $\tau+\lambda^{(2)}$ から時点 $\tau+\lambda^{(E)}$ における状態推移確率行列を

$$\tilde{\mathbf{Q}}(\tau+\lambda^{(2)},\tau+\lambda^{(E)})$$
$$=\begin{pmatrix} q_{cc}(\tau+\lambda^{(2)},\tau+\lambda^{(E)}) & q_{co}(\tau+\lambda^{(2)},\tau+\lambda^{(E)}) & q_{cd}(\tau+\lambda^{(2)},\tau+\lambda^{(E)}) \\ q_{oc}(\tau+\lambda^{(2)},\tau+\lambda^{(E)}) & q_{oo}(\tau+\lambda^{(2)},\tau+\lambda^{(E)}) & q_{od}(\tau+\lambda^{(2)},\tau+\lambda^{(E)}) \\ q_{dc}(\tau+\lambda^{(2)},\tau+\lambda^{(E)}) & q_{do}(\tau+\lambda^{(2)},\tau+\lambda^{(E)}) & q_{dd}(\tau+\lambda^{(2)},\tau+\lambda^{(E)}) \end{pmatrix}$$
$$=\begin{pmatrix} 1 & 0 & 0 \\ q_{oc}(\tau+\lambda^{(2)},\tau+\lambda^{(E)}) & q_{oo}(\tau+\lambda^{(2)},\tau+\lambda^{(E)}) & q_{od}(\tau+\lambda^{(2)},\tau+\lambda^{(E)}) \\ 0 & 0 & 1 \end{pmatrix} \quad (7.40)$$

とし、

$$q_{oc}(\tau+\lambda^{(2)},\tau+\lambda^{(E)})=q_{oc}(\tau+\lambda^{(1)},\tau+\lambda^{(2)})\times\exp(\alpha_{oc}\times 1)+\varepsilon_{oc}$$
$$q_{od}(\tau+\lambda^{(2)},\tau+\lambda^{(E)})=q_{od}(\tau+\lambda^{(1)},\tau+\lambda^{(2)})\times\exp(\alpha_{od}\times 1)+\varepsilon_{od}$$
$$\begin{aligned} q_{oo}(\tau+\lambda^{(2)},\tau+\lambda^{(E)}) &= 1-q_{oc}(\tau+\lambda^{(2)},\tau+\lambda^{(E)})-q_{od}(\tau+\lambda^{(2)},\tau+\lambda^{(E)}) \\ &= 1-q_{oc}(\tau+\lambda^{(1)},\tau+\lambda^{(2)})\times\exp(\alpha_{oc}\times 1) \\ &\quad -q_{od}(\tau+\lambda^{(1)},\tau+\lambda^{(2)})\times\exp(\alpha_{od}\times 1)+\varepsilon_{oo} \end{aligned}$$

で計算できると仮定する。なお、α_{oc}, α_{od} はリスク調整ファクターであり、ε_{oc}, ε_{od}, ε_{oo} は推定誤差である。リスク調整ファクター α_{oc}, α_{od} は、一種のトレンドと考えられる。ここでは、非斉時性を表現するため、時点 $\tau+\lambda^{(2)}+\lambda_C(m-1)$ から、時点 $\tau+\lambda^{(2)}+\lambda_C m$ までの状態推移確率行列を ($m=1,2,\cdots$)

$$\tilde{\mathbf{Q}}(\tau+\lambda^{(2)}+\lambda_C(m-1),\tau+\lambda^{(2)}+\lambda_C m)$$

$$=\begin{pmatrix} 1 & 0 & 0 \\ \tilde{q}_{oc}(\tau+\lambda^{(2)}+\lambda_C(m-1),\tau+\lambda^{(2)}+\lambda_C m) & \tilde{q}_{oo}(\tau+\lambda^{(2)}+\lambda_C(m-1),\tau+\lambda^{(2)}+\lambda_C m) & \tilde{q}_{od}(\tau+\lambda^{(2)}+\lambda_C(m-1),\tau+\lambda^{(2)}+\lambda_C m) \\ 0 & 0 & 1 \end{pmatrix} \quad (7.41)$$

$$\tilde{q}_{oc}(\tau+\lambda^{(2)}+\lambda_C(m-1),\tau+\lambda^{(2)}+\lambda_C m)$$
$$=q_{oc}(\tau+\lambda^{(1)},\tau+\lambda^{(2)})\times\exp(\alpha_{oc}m)$$
$$\tilde{q}_{od}(\tau+\lambda^{(2)}+\lambda_C(m-1),\tau+\lambda^{(2)}+\lambda_C m)$$
$$=q_{od}(\tau+\lambda^{(1)},\tau+\lambda^{(2)})\times\exp(\alpha_{od}m)$$
$$\tilde{q}_{oo}(\tau+\lambda^{(2)}+\lambda_C(m-1),\tau+\lambda^{(2)}+\lambda_C m)$$
$$=1-\tilde{q}_{oc}(\tau+\lambda^{(2)}+\lambda_C(m-1),\tau+\lambda^{(2)}+\lambda_C m)$$
$$-\tilde{q}_{od}(\tau+\lambda^{(2)}+\lambda_C(m-1),\tau+\lambda^{(2)}+\lambda_C m)$$

で表す。設定されたローン満期を T とし、$(T-\lambda^{(2)})/\lambda_C=m_T$ とおくと、

$$\tilde{\mathbf{Q}}(\tau,\tau+T)=\tilde{\mathbf{Q}}(\tau,\tau+\lambda^{(2)}+\lambda_C m_T)$$

$$=\tilde{\mathbf{Q}}(\tau,\tau+\lambda^{(2)})\prod_{m=1}^{m_T}\tilde{\mathbf{Q}}(\tau+\lambda^{(2)}+\lambda_C(m-1),\tau+\lambda^{(2)}+\lambda_C m)$$

$$=\begin{pmatrix} 1 & 0 & 0 \\ \tilde{q}_{oc}(\tau,\tau+\lambda^{(2)}+\lambda_C m_T) & \tilde{q}_{oo}(\tau,\tau+\lambda^{(2)}+\lambda_C m_T) & \tilde{q}_{od}(\tau,\tau+\lambda^{(2)}+\lambda_C m_T) \\ 0 & 0 & 1 \end{pmatrix} \quad (7.42)$$

となる。(7.42) 式は、デフォルト時点 τ から、ローン満期時点 T までの

状態推移確率を表しており、満期時点 T の状態は、吸収状態デフォルトと完済しかないので、

$$\tilde{q}_{oo}(\tau, \tau + \lambda^{(2)} + \lambda_C m_T) \approx 0 \tag{7.43}$$

となることが求められる。そこで、以下のように定式化した非線形最適化問題を解くことで、2つのリスク調整ファクター α_{oc}, α_{od} を求め、この α_{oc}, α_{od} によって非斉時性の状態推移確率を表現する。

目的関数（最小化）

$$\left(\frac{\varepsilon_{oc}}{q_{oc}(\tau+\lambda^{(2)}, \tau+\lambda^{(E)})}\right)^2 + \left(\frac{\varepsilon_{oo}}{q_{oo}(\tau+\lambda^{(2)}, \tau+\lambda^{(E)})}\right)^2 + \left(\frac{\varepsilon_{od}}{q_{od}(\tau+\lambda^{(2)}, \tau+\lambda^{(E)})}\right)^2$$

制約条件

$$\alpha_{oc} \leq U_L$$

$$\alpha_{od} \leq U_L$$

$$\left(\frac{\varepsilon_{oc}}{q_{oc}(\tau+\lambda^{(2)}, \tau+\lambda^{(E)})}\right)^2 \leq U_c$$

$$\left(\frac{\varepsilon_{od}}{q_{od}(\tau+\lambda^{(2)}, \tau+\lambda^{(E)})}\right)^2 \leq U_d$$

$$\tilde{q}_{oo}(\tau, \tau + \lambda^{(2)} + \lambda_C m_T) \leq U_o$$

$$0 \leq \tilde{q}_{oc}(\tau + \lambda^{(2)} + \lambda_C(m-1), \tau + \lambda^{(2)} + \lambda_C m) \leq 1, \quad m = 1, 2, \cdots, m_T$$

$$0 \leq \tilde{q}_{od}(\tau + \lambda^{(2)} + \lambda_C(m-1), \tau + \lambda^{(2)} + \lambda_C m) \leq 1, \quad m = 1, 2, \cdots, m_T$$

$$0 \leq \tilde{q}_{oo}(\tau + \lambda^{(2)} + \lambda_C(m-1), \tau + \lambda^{(2)} + \lambda_C m) \leq 1, \quad m = 1, 2, \cdots, m_T$$

U_L：リスク調整ファクターの上限

U_c：二乗誤差許容度の上限（ε_{oc}）

U_d：二乗誤差許容度の上限（ε_{od}）

U_o：満期時点 T における、正常状態＋非吸収状態デフォルト（o）の許容誤差の上限

(7.44)

このモデルでは、

① 満期時点 T において、吸収状態デフォルトと完済しかないという状態が確保される。

② 非斉時性という特性から、トレンドを容易に取り入れることができる。

というメリットがある。一方、非線形計画法の適用が不可欠であり、解が一意に定まらないことから、モデルのチューニングが必要であり、分析工数が多く必要となる。

状態推移確率行列を用いるモデルでは、吸収状態デフォルト（d）に陥る確率と完済（c）に至る確率を同時に扱うため、これらのバランスを過去実績から図ることが可能となる。

演習7.2 観測期間が120カ月であり、累積状態推移確率行列 $\tilde{\mathbf{Q}}(0,60)$, $\tilde{\mathbf{Q}}(0,90)$, $\tilde{\mathbf{Q}}(0,120)$, $\tilde{\mathbf{Q}}(61,90)$, $\tilde{\mathbf{Q}}(91,120)$ が与えられている。（7.44）式で示した最適化のモデルによって、経過期間420後の累積吸収状態デフォルト確率、累積完済確率を推計せよ。

（ヒント） Excelで最適化をするためには、ソルバーという機能を用いる。Excelの標準インストールでは使えない場合があるので注意。その場合は、アドインで「ソルバーアドイン」にチェックを入れる必要がある。

7.6 ワイブル分布の最適化によるデフォルト確率の推定

次にワイブル分布を仮定して最適化モデルを用いたデフォルト後の累積代弁移行率と累積完済移行率を推定する。デフォルトは生存解析における死亡と同じく一度生起すれば二度と発生しないと仮定すると、経過期間 t_i の生存

率 $S(t_i)$ と累積デフォルト率 $H(t_i)$ は以下のように算定される。

$$S(t_i)=\prod_{i=1}^{t}(1-h(t_i)) \qquad (7.45)$$

$S(t_i)$：経過期間 t_i の生存率

$h(t_i)$：経過期間 t_i のデフォルト率

$$H(t_i)=1-S(t_i) \qquad (7.46)$$

$H(t_i)$：累積デフォルト率

ここで確率分布であるワイブル分布を想定するとハザード関数 $\hat{h}(t_i)$ は、

$$\hat{h}(t_i)=\lambda\gamma t_i^{\gamma-1} \qquad (7.47)$$

γ：形状パラメータ（$\gamma \geq 0$）

λ：尺度パラメータ（$\lambda \geq 0$）

で与えられ、またこのときの生存関数 $S(t_i)$ は、

$$\hat{S}(t_i)=\exp\{-\lambda t_i^{\gamma}\} \qquad (7.48)$$

で与えられる。ワイブル分布ではこの形状パラメータ γ と尺度パラメータ λ が決まることによってデフォルト率の形状を表現することができる。

デフォルトとして認識されてからの経過期間 t_i における代弁である累積確率を d_{t_i}、非デフォルトである累積確率を k_{t_i}、完済である累積確率を c_{t_i} によって表す。また、ワイブル分布によって求められるデフォルトとして認識されてからの経過期間 t_i における代弁である累積確率を $\hat{H}(d_{t_i})$、非デフォルトである累積確率を $\hat{H}(k_{t_i})$、完済である累積確率を $\hat{H}(c_{t_i})$ で示す。データから観測される最長の経過期間を t_M とし、ワイブル分布の最適化のモデルでは、デフォルトとして認識された時点 t_0 から時点 t_M までの実績生存代弁確率（$1-d_{t_i}$）と推定生存代弁確率（$1-\hat{H}(d_{t_i})$）の値、および実績生存完済確率（$1-c_{t_i}$）と推定生存完済確率（$1-\hat{H}(c_{t_i})$）の値が、それぞれできるだけ等しくなるように、以下の非線形計画法の定式化によりパラメータ λ_d, γ_d, λ_c, γ_c の値を推定する。またローン残高がなくなる経過期間 T では、代弁か完済のいずれかの状態に収まるものとし、合計累積確率の誤差許容度は±１％以内とする。さらに保守性の観点から経過期間 t_M 時点で累積代弁確率

は実績値より推定値が高く、累積代弁確率が累積完済確率より優先されるようにパラメータを推定する。

$$
\begin{cases}
\text{目的式（最小化）：} \sum_{i=0}^{M} \{(S(d_{t_i}) - \hat{S}(d_{t_i}))^2 + (S(c_{t_i}) - \hat{S}(c_{t_i}))^2\} \\
\text{制約条件：} \hat{H}(d_T) + \hat{H}(c_T) \leq \pm 0.01 \\
\qquad S(d_{t_M}) - \hat{S}(d_{t_M}) \geq 0 \\
\qquad (S(d_{t_M}) - \hat{S}(d_{t_M})) - (S(c_{t_M}) - \hat{S}(c_{t_M})) \geq 0
\end{cases}
\quad (7.49)
$$

$\hat{H}(d_T)$：ローン残高がなくなる経過期間 T における累積代弁確率

$\hat{H}(c_T)$：ローン残高がなくなる経過期間 T における累積完済確率

$S(d_{t_i})$：経過期間 t_i の生存代弁確率の実績値

$S(c_{t_i})$：経過期間 t_i の生存完済確率の実績値

$\hat{S}(d_{t_i})$：経過期間 t_i の生存代弁確率の推定値

$\hat{S}(c_{t_i})$：経過期間 t_i の生存完済確率の推定値

$S(d_{t_M})$：データから観測される最長の経過期間 t_M の生存代弁確率の実績値

$S(c_{t_M})$：データから観測される最長の経過期間 t_M の生存完済確率の実績値

$\hat{S}(d_{t_M})$：データから観測される最長の経過期間 t_M の生存代弁確率の推定値

$\hat{S}(c_{t_M})$：データから観測される最長の経過期間 t_M の生存完済確率の推定値

（7．49）

この最適化のモデルでは、デフォルト直後のデータを除外することも検討したほうがよいと考えられる。それは、デフォルト直前とそれ以降では形状が異なることも多々あるためである。その場合には、たとえば、①デフォルトとして認識された時点 t_0、②デフォルトとして認識された時点 t_0から時点 t_1まで、③デフォルトとして認識された時点 t_0から時点 t_M まで、などのパターンでデータを除外し、実績生存代弁確率 $S(d_{t_i})$ と推定される生存代弁確

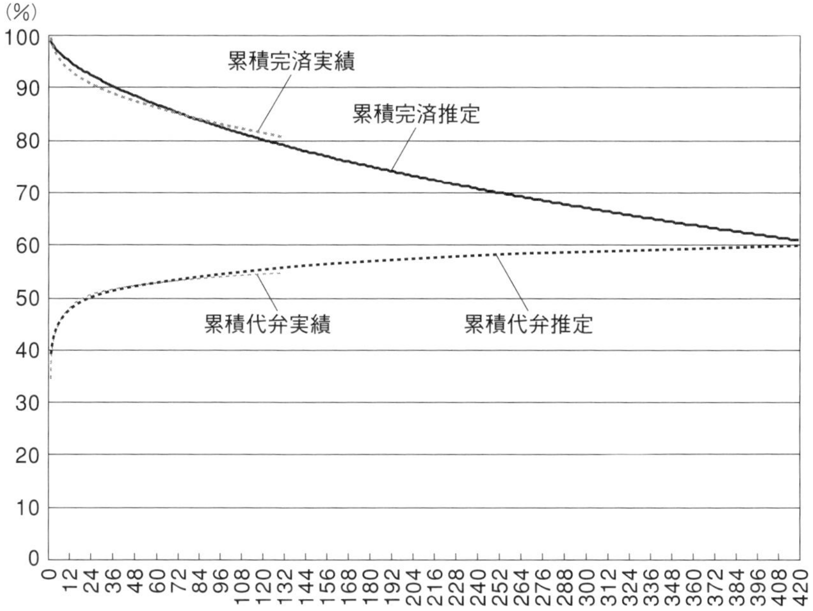

図７．５　推定累積状態推移確率

率 $\hat{S}(d_{t_i})$ の値、および実績生存完済確率 $S(c_{t_i})$ と推定される生存完済確率 $\hat{S}(c_{t_i})$ の値それぞれが、できるだけ等しくなるように、パラメータ λ_d, γ_d, λ_c, γ_c の値を推定し、累積代弁確率および累積完済確率を補正すればよい。

図７．５は、このモデルによる推定累積状態推移確率の期間構造を例示したものである。

演習７．３　観測期間が120カ月であり、累積吸収デフォルト率と累積完済率のデータが時系列に与えられている。（７.49）式で示したワイブル分布による最適化のモデルによって、経過期間420後の累積吸収状態デフォルト確率、累積完済確率を推計せよ。

7.7 まとめ

LGDの推定では、将来、実際にデフォルト（吸収状態デフォルト）する可能性と、回収率の期間構造の推定が必要となる。理論的なモデルの精緻化が求められる一方で、データの限界という実務的な問題もある。実務の世界では、やはり実務的な感覚にマッチするということが最優先の課題であり、モデルをどこまで簡易化するかというバランス感覚が必要となる。ここでは、いろいろな方法で状態推移確率の推定などを行ったが、方法によって結果が異なるという点についても注意が必要である。したがって、モデルからでる数値はあくまでも1つの情報でしかなく、最終的には総合的な観点からの判断が求められる。

第 8 章

EADの推定

EADとは、デフォルト時エクスポージャーと呼ばれるものである。債権によっては、極度限度額が設定されており、この枠内で顧客の裁量によって自由に残高を増やせる。したがって、こうした極度限度額が設定されている債権については、デフォルト後の残高の推定が必要となる。この章では、EADを計測する方法について検討する。

8.1　EADとCCFの定義

ここで、EADとCCFについて定義する。まず、デフォルト発生時における残高を

　デフォルト発生時残高

　　＝観測起点における残高＋(観測起点における空枠×デフォルトまでの追加利用率)

（8.1）

で定義する。なお、観測起点における残高および空枠は、RWA（信用リスク・アセットの額の合計額）計測時の残高であり所与であるものとする。（8.1）式の「観測起点における空枠」について、100万円という極度設定額のカード・ローンを例にとって検討する。観測起点で10万円のローンの借入れがあるとすると、(100－10) 万円の空枠が存在する。デフォルトする直前の顧客は、観測起点では10万円のローン残高しかなくても、デフォルトする直前には極度限度額ぎりぎりまでローンの追加借入れを行った後に、デフォルトする可能性がある。EADは、この影響をリスク評価に組み入れることを目的としたものである。

観測起点における残高と空枠が所与とすれば、EADの推計は「デフォルトまでの追加利用率（CCF)」をどのように与えるのかということに帰着する。ここで、「デフォルトまでの追加利用率（CCF)」を以下のように定義する。

　デフォルトまでの追加利用率（CCF)

＝デフォルトまでの追加利用額÷観測起点における空枠　　　（８．２）

なお、追加利用額は観測起点残高とデフォルト時のエクスポージャーとの差額として計算する。ただし、デフォルト時のエクスポージャーの定義にもいろいろな考え方があり、一般にはデフォルトに陥った最初の時点での残高ではない。

８．２　観測起点の設定

デフォルトまでの追加利用率（CCF）を推計するには、観測起点をどのように計測するのかという問題があるが、現状としてはCohort法とFixed-horizon法という２つの手法が使われている。Cohort法では、債務者の個別デフォルト発生時期にかかわらず計測起点を任意の一時点（たとえば決算期）に設定し、その時点の残高をもって観測起点残高とする。一方、Fixed-horizon法では、債務者の個別デフォルトの発生時期から同じ期間（たとえば１年間）をさかのぼり、その各時点の残高をもって観測起点残高とするものである。これら２つの手法には、それぞれメリット、デメリットがある。以下にその概要と特徴について解説する

８．２．１　Cohort法

Cohort法では、任意の一時点を起点として設定し、起点からたとえば１年という経過期間を設定し、その期間中にデフォルト状態に陥った債務者を対象にCCFを推計するものである。したがって、分析対象データは観測期間中にデフォルト状態にある案件を月単位で観測したものとなる。

CCFを算出する（８．２）式の分子には、「デフォルトまでの追加利用額」がある。先のカード・ローンを例で示したように、デフォルトが近づくとローンの借入れを増やす傾向があると考えられるため、「デフォルトまでの追加利用額」は計測時点からデフォルトまでの期間に依存すると想定される。したがって、観測起点からデフォルトの発生までの期間が長くなるほど、残

高が変動（増大）する可能性が増大すると推定される。このため、Cohort法を適用する場合には、デフォルトの季節性（月別発生傾向）、すなわち観測期間内のデフォルト発生の分布（構造）を分析したうえで推計を行うことが求められる。

（メリット）

① CCF観測起点とPDプールの観測起点が一致する。

② 計測起点においてすでにデフォルト状態にある案件や、直前に発生したデフォルト案件もCCFの推計に利用できる。

（デメリット）

① データとして、デフォルト発生に季節性があり、特定の月にデフォルト発生が偏る傾向がある場合、観測起点からデフォルト発生までの期間に偏りが生じるため、観測月が異なる推計結果同士を比較することができない。

ここで、上記のCohort法のデメリットについてもう少し詳しく検討する。たとえば、リスク計測期間として１年を想定する。この期間内でデフォルトの発生件数を月別にカウントし、デフォルト発生の分布を求める。設定した場合、デフォルトの発生時点はその期間の早期にデフォルト状態に至る案件から終期にデフォルトする案件まで、最短で１カ月後、最長で12カ月までが分布することになる。１年という期間のなかで、デフォルトの発生が偏りなく分布した場合には、期間中のデフォルト案件は平均して観測起点の６カ月後を中心とした分布となる（図８．１の左図）。一方、デフォルト発生が１年という期間のなかで特定の時期に偏って発生する場合には、観測起点後からデフォルト発生までの期間に偏りを生じることになる（図８．１の右図）。

Cohort法を適用する場合には、観測期間内のデフォルト発生の期間構造を分析することが求められる。なお、たとえば観測期間内を１年とし、毎年３月のデフォルト率が定常的に他の期間よりも高いというような場合には、推計上のバイアスとはならない。しかし、たとえ観測期間内を１年として

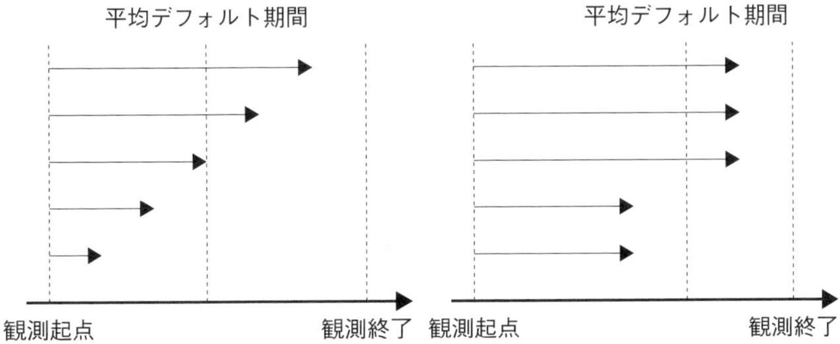

図８．１　Cohort 法によるデフォルト発生と観測期間

も、観測起点が８月のものと、９月のものとは３月までの期間が異なるため、直接比較することはむずかしい。

８．２．２　Fixed-horizon 法

Fixed-horizon 法は個別デフォルトの発生時期から一律同じだけの期間をさかのぼり、その時点の残高をもって観測起点残高とする考え方である。

（メリット）

① Fixed-horizon 法では、観測起点からデフォルト発生までの期間を一定としているため、デフォルトが観測期間中の特定の時期に偏った場合においても、計測結果にバイアスがかかることはない。

② デフォルト発生傾向が月によって異なる商品であっても、CCF を比較することができる。

③ 観測起点が異なるものであっても（たとえば８月のものと、９月のもの）、そのバイアスを除外して CCF を比較することができる。

（デメリット）

① この方法は、特定の観測起点を定める PD プールの観測起点とは必ずしも一致した定義ではない。したがって、PD プールの分析時と CCF 推計時では該当プールの構成が異なる可能性がある。

② 特定のプールの PD が著しく変動した場合、PD のリスクと CCF 計

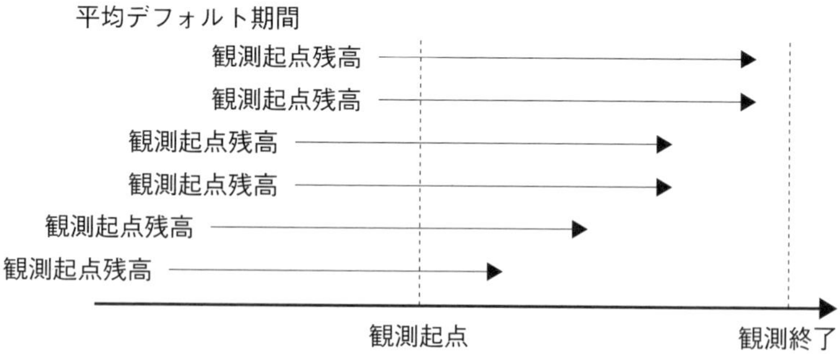

図８．２　Fixed-horizon 法によるデフォルト発生と観測時点残高

測のリスクとが一致しない可能性がある。

③　一般には、実際にデフォルトした顧客の追加引出率は、実際にデフォルトしなかった顧客に比べて高い結果となるようである。したがって、EAD の計測は RWA 計測時点においてすでにデフォルト状態にあるプールにも適用するような形で分析することが必要である。しかし、Fixed-horizon 法ではデフォルトの発生の一定期間をさかのぼって観測起点とするため、観測起点においてすでにデフォルト状態にある案件は計測できない。

④　デフォルト後６カ月経たないと CCF 推計に反映することができない。

Fixed-horizon 法では、デフォルト発生から一定期間をさかのぼって観測起点とするため、観測起点においてすでにデフォルト状態にあるものはない。しかし実際には、RWA 計測時点でデフォルトに該当する案件は存在する。一方、デフォルト状態にある案件のうち、吸収状態デフォルトにあるものについては追加引出が発生しないことから、RWA 計測時点以降に新たにエクスポージャーが拡大する可能性はない。また、非吸収状態デフォルトについては追加引出が可能であり、RWA 計測後にエクスポージャーが拡大する可能性がある。

バーゼルⅡ公示案では、デフォルト発生後の追加引出分を考慮することを求めている。したがって、非吸収状態デフォルトにあるものの追加引出分をLGDの枠組みで考慮しないのであれば、この部分をEADの評価に反映させる必要があると想定される。

Fixed-horizon法を適用するには、デフォルト発生時期からどの程度の期間をさかのぼって観測期間とするのかを設定しなければならない。たとえば、観測期間を1年とした場合には、観測起点から平均6カ月でデフォルト状態に陥ることになる。このことは、少ない期間しか利用できないデータでは、Cohort法が期間内のすべてのデータを利用できるのに対し、Fixed-horizon法では一部のデータが利用できないことを意味する。実務で利用できるデータ期間が限られているという現状を考えると、Cohort法のほうが適用しやすいという考え方もある。

8.3 デフォルト時エクスポージャー

バーゼルII公示案では、デフォルト発生後の追加引出についても考慮するよう求めている。そこで、追加引出も考慮し、デフォルト発生以後の観測期間中における残高の最大値をエクスポージャーとするという考え方もある。この場合、吸収状態デフォルトについては追加引出が発生しないことから、残高の最大値はデフォルト発生時残高と同じである。一方、非吸収状態デフォルトの場合は、追加引出が可能であるため、デフォルト発生後の残高最大値がデフォルト時点の残高を上回る場合がある。したがって、残高の最大値をもってエクスポージャーとするというものである。

なお、観測起点とデフォルト時点残高を比較すると、追加引出額がマイナスとなる場合もあるので注意が必要である。たとえば、観測起点から4カ月後に延滞によって非吸収状態デフォルトとして認識された顧客が、翌月に延滞を解消したような場合には、残高は減少する。一方、EAD推計の本来の目的を考えると、CCFの値にマイナスを想定するのは好ましくない。そこで、マイナス値となった場合には、追加引出額値に0というフロアを設定するという方法も考えられる。

8.4 まとめ

EADを推定するためには、デフォルトまでの追加利用率（CCF）の推定が不可欠である。一方、極度設定額までの借入れの判断は顧客に任せられており、デフォルト状態にある顧客のほうが追加引出を行う可能性が高いと考えられ、この追加引出額の推定がEADに大きな影響を与える。また、観測起点のとらえ方についても、Cohort法、Fixed-horizon法という考え方があり、それぞれメリット、デメリットがある。ここでは、いくつかの考え方を例示したが、それらの利用にあたっては、利用可能なデータの特性をよくみて判断する必要がある。

第 9 章

バック・テスト

デフォルト確率（PD）やLGDをプールごとに把握するには、デフォルト・リスクの特性がプールごとにうまく分類されていることが前提となる。一方、プール間のPDやLGDは、債権者固有の特性の相違として現れる変動要因のほか、全プールが共通に影響を受ける外部環境要因や制度要因によっても変化すると考えられる。したがって、債権者固有の特性は時点によって変化しないと仮定した場合には、プール別パラメータが時間とともに変化するのは外部環境要因や制度要因によるものであり、各プール別パラメータの相対順位などの位置関係は、変化しないと考えるのが自然である。

さらに、LGDの安定性については、吸収状態デフォルトに陥る確率と、吸収状態デフォルトに陥った場合の回収率という２つの要因が作用するため、バック・テストをよりむずかしいものとしている。

9．1　バック・テストの留意点

バック・テストを行うときのむずかしさは、「他の期間と比較して悪い」ということの判断基準である。他の期間との比較としては、

① 全期間の平均水準との比較

② 全期間の標準偏差との比較

③ VaR的な考え方で、標準正規分布の分布関数の信頼水準で評価

などの考え方がある。

デフォルト確率（PD）のバック・テストのむずかしさをみるために、ごく単純な４個の時系列データが与えられているものとする。表９．１はケース１を示したもので、デフォルト確率（PD）、その平均値、標準偏差、基準化後のデフォルト確率（PD）、基準化後デフォルト確率（PD）の標準正規分布の分布関数のデータを示したものである。デフォルト確率（PD）は{2,1,6,3}と推移しており、この関係を示したものが図９．１である。全期間（４期間）のデフォルト確率（PD）の平均は３％、標準偏差は2.16であり、この平均と標準偏差を用いてデフォルト確率（PD）を基準化した値が

表9.1　ケース1のデフォルト確率（PD）とバック・テスト

時　点	PD（%）	基準化PD	分布関数
1	2.00	−0.46	0.322
2	1.00	−0.93	0.177
3	6.00	1.39	0.918
4	3.00	0.00	0.500
平　均	3.00		
標準偏差	2.16		

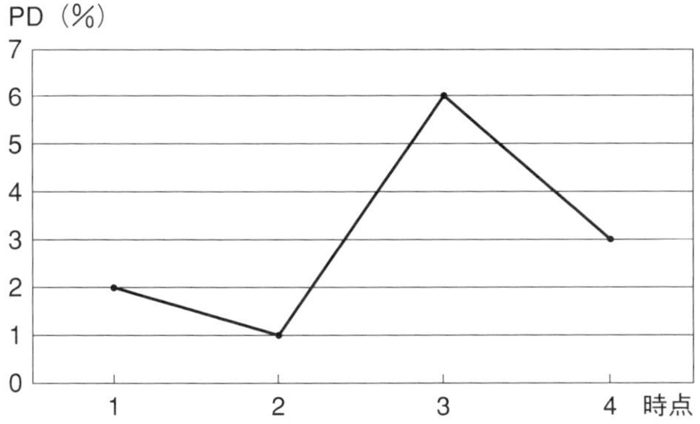

図9.1　ケース1のデフォルト確率（PD）の推移

表9.1の「基準化PD」に示されている。また、「分布関数」は、基準化後のデフォルト確率（PD）の標準正規分布の分布関数の値を示している。ケース1では、時点3のデフォルト確率（PD）が6%と他の時点と比較して高いデータとなっており、平均値の2倍のデフォルト確率（PD）となっている。一方、「分布関数」でみてみると、時点3のデフォルト確率（PD）6%は信頼水準91.8%となっており、95%水準のVaR的な評価の観点からは範囲内に収まっている。ケース1は、インサンプル、つまり平均や標準偏差を算出するために用いたデータを用いて、平均や標準偏差をもとにリスク評価をすることのむずかしさを示したものである。

表9．2　ケース2のデフォルト確率（PD）とバック・テスト

時点	PD（%）	基準化PD	分布関数
1	2.00	0.00	0.500
2	1.00	−1.00	0.159
3	6.00	4.00	1.000
4	3.00	1.00	0.841
平　均	2.00		
標準偏差	1.00		

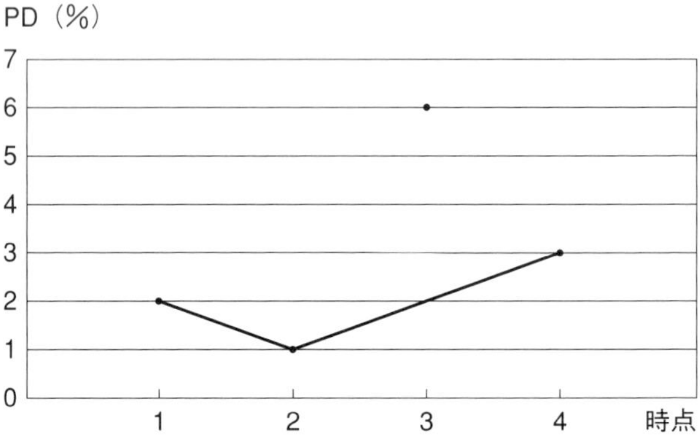

図9．2　ケース2のデフォルト確率（PD）の推移

ケース2は、ケース1とまったく同じデータであるが、デフォルト確率（PD）が他の時点と比較して高い時点3のデフォルト確率（PD）6％を除いて、デフォルト確率（PD）の平均値、標準偏差を計算したものである。表9．2は、それらをもとにデフォルト確率（PD）を基準化し、基準化後のデフォルト確率（PD）の標準正規分布の分布関数の値を示している。ケース2の、3期間を対象としたデフォルト確率（PD）の平均は2％、標準偏差は1であり、その値によって基準化したデフォルト確率（PD）の「分布関数」は、時点3のデフォルト確率（PD）6％は信頼水準100.0％となっており、95％水準のVaR的な評価の観点からは範囲外の値となっている。ケ

表9.3　ケース3のデフォルト確率（PD）とバック・テスト

時点	プールのデフォルト率（%）	基準化	分布関数
1	0.40	−0.46	0.322
2	0.20	−0.93	0.177
3	1.20	1.39	0.918
4	0.60	0.00	0.500
平　均	0.60		
標準偏差	0.43		

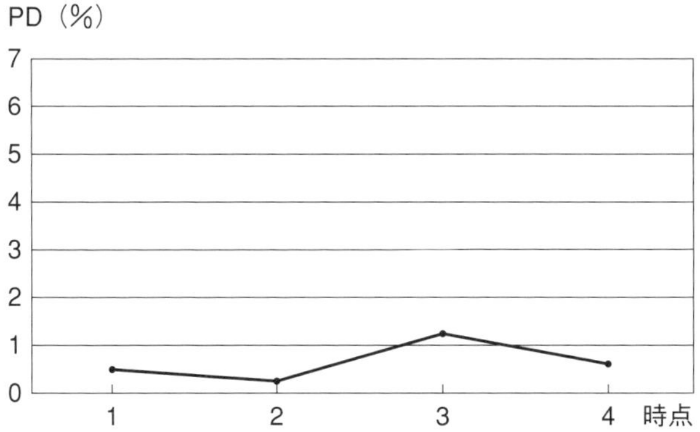

図9.3　ケース3のデフォルト確率（PD）の推移

ース1、ケース2の関係を比較すると、時点3のデフォルト確率（PD）のもつ意味が異なり、インサンプルで評価したケース1の場合には、時点3のデフォルト確率（PD）がクローズアップされにくい特性があることがわかる。

ケース3は、ケース1のデフォルト確率（PD）が、それぞれ5分の1の水準となったものである（表9.3、図9.3参照）。全データを単純に5分の1したので、デフォルト確率（PD）の平均値は0.6、標準偏差は0.43となる。また、時点3のデフォルト確率（PD）1.2%は信頼水準91.8%となっており、95%水準のVaR的な評価の観点からは範囲内に収まっている。ケー

表9.4　ケース4のデフォルト確率（PD）とバック・テスト

時点	デフォルト率（%）	基準化	分布関数
1	2.00	−0.46	0.322
2	4.56	0.72	0.765
3	5.00	0.93	0.823
4	0.44	−1.19	0.118
平　均	3.00		
標準偏差	2.16		

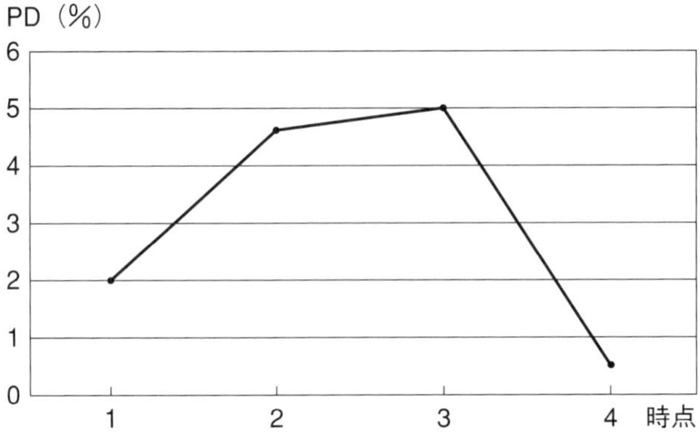

図9.4　ケース4のデフォルト確率（PD）の推移

ス1とケース3の違いは、単純に各データのスケール変換である。ケース3は、ケース1と比較して、全体のデフォルト確率（PD）は5分の1である。しかし、データのばらつきが基準化によって同一スケール化してしまうため、基準化後のデフォルト確率（PD）の標準正規分布の分布関数の値は、ケース1とケース3は等しくなる。ケース3はケース1と比較し、デフォルト確率（PD）の水準は5分の1であるが、デフォルト確率（PD）を、標準偏差や基準化後のデフォルト確率（PD）、あるいは分布関数の値で評価した場合には、デフォルト確率（PD）の水準に関する評価はできていないことを意味している。

ケース4（表9．4、図9．4参照）のデータのデフォルト確率（PD）は、ケース1と同じく、平均値3、標準偏差2.16である。デフォルト確率（PD）の値が最も大きいのは、ケース1と同じ時点3であるが、その水準は5％であり、ケース1よりも1％少ない値となっている。また、時点2のデフォルト確率（PD）は4.56であるので、時点2の値と比較して時点3のデフォルト確率（PD）が高いとはいえない。このことは、基準化後のデフォルト確率（PD）の標準正規分布の分布関数の値にも現れており、時点3のデフォルト確率（PD）5％は信頼水準82.3％となっている。ケース4は、ケース1と同一のデフォルト確率（PD）の平均と標準偏差となっているが、デフォルト確率（PD）の水準に関する評価はかなり異なるものとなることを意味している。

ここでは、ケース1～4を用い、平均や標準偏差によって確率（PD）の安定性を評価することが簡単ではないことを示した。

9．2　パラメータ検証の視点

パラメータの安定性を検証するには、何をもって安定的であると評価するのかという検定のポイントを明確にする必要がある。パラメータの安定性としては、以下のような2つの評価ポイントが想定される。

(1)　同一プール内のパラメータ値の、時系列的安定性

同一プールにおけるパラメータ値の時系列推移をプロットし、それが一定の範囲内に収まっているか否かを検証する。

ここでの論点としては、

①「一定の範囲」をどのように定義するか

②「一定の範囲」を超えるサンプルが存在する場合、プール全体としての安定性をどう評価するか

③外的な要因に伴うパラメータ値の変動をどう評価するか

があげられる。

(2) プール間のパラメータ値の、相対関係の時系列的安定性

パラメータ安定性の定義を、「プール内のパラメータ値の時系列的変動」ではなく、「プール間のパラメータ値の相対関係」の安定性と位置づけ、その相対関係が時系列的に安定しているか否かを検証する。

ここでの論点としては、

① 「相対関係」をどのように定義するか

② 同一プール内のパラメータ値の時系列変動をどう評価するか

があげられる。

同一プール内の安定性を検証するための手法としては、計数値であるPDについては二項検定、計量値であるLGD、EAD（CCF）については平均値の正規性を仮定した正規検定（Normal Test）がある。いずれも検定の方法としては代表的なものであり、かつ手法を理解しやすいというメリットがある。一方で

① 外れ値が存在する場合の安定性評価に関する基準がない

② パラメータ値が安定的であるほど基準が厳しくなる

③ マクロ経済環境等の外的要因が検定結果に影響を与えてしまう

④ 対象となるサンプル数が少ないと、パラメータの値は大きく変動する

といった課題が残る。このようなデメリットの存在を考慮すると、二項検定やNormal Test単独で検証スキームを構築することは困難であると想定される。

9.3 二項検定

二項検定は、結果が成功（p）か失敗（$1-p$）かのいずれかであるサンプル数n回の独立試行を行ったときの、成功数で表される離散確率分布の有意性を検定するものである。時点tでのあるプールのサンプル数をn_t、パラメータ推定に用いた推定PDをp_tとおくと、二項分布の標準偏差σ_tは、

$$\sigma_t = \sqrt{\frac{p_t(1-p_t)}{n_t}} \tag{9.1}$$

で計算される。時点 $t+1$ でのバック・テストでの検証では、実績 PD を $\hat{p}_{t+1}$ とすると、

$$\hat{p}_{t+1} \leq p_t + \sigma_t$$

もしくは、

$$\hat{p}_{t+1} \leq p_t + 2\sigma_t$$

で区間検定をすることが多い。

企業や顧客のデフォルトを表現するには、二項分布が標準的に用いられる。バック・テストの基準として、二項分布の信頼区間を用いることが有効と考えられるが、信頼区間は想定デフォルト率 p とプールの参照資産数 n によって大きく異なる。つまり、参照資産の想定デフォルト率 p が正しいとしても、プールの参照資産数 n との関係で、プールとしてのデフォルト確率は大きく変わる可能性があるのである。特に、参照資産数 n が少ない場合には、デフォルト確率のブレはきわめて大きなものとなる。ここでは、二項分布の信頼区間について検討する。

9.3.1 二項分布と F 分布

二項分布 $B(n,p)$ の確率関数を、$q(x;n,p)=\Pr\{X=x\}$ で表す。

成功確率 p のベルヌーイ試行で n 回の試行のうち x 回成功するということは、失敗確率 $1-p$ のベルヌーイ試行で $n-x$ 回失敗することと等しい。つまり、

$$\begin{aligned} q(x;\ n,p) &= {}_nC_x p^x (1-p)^{n-x} \\ &= {}_nC_x (1-p)^{n-x} p^{n-(n-x)} \\ &= q(n-x;\ n,\ 1-p) \end{aligned} \tag{9.2}$$

という関係が成り立つ。

次に、二項分布 $B(n,p)$ の累積分布関数（下側累積確率）$Q(x;n,p)$ と（上側累積確率）$\tilde{Q}(x;n,p)$ を

$$Q(x;n,p)=\Pr\{X\leq x\}$$

$$=\sum_{k=0}^{x}q(k;n,p) \quad (9.3)$$

$$\tilde{Q}(x;n,p)=\Pr\{X\geq x\}$$

$$=\sum_{k=x}^{n}q(k;n,p) \quad (9.4)$$

で定義する。なお、ここでは離散形で表現されているため、

$$Q(x;n,p)+\tilde{Q}(x;n,p)=1+q(x;n,p)$$

となるので注意する。

（９．３）式に（９．２）式を代入すると

$$Q(x;n,p)=\sum_{k=0}^{x}q(k;n,p)$$

$$=\sum_{k=0}^{x}q(n-k;n,1-p) \quad (9.5)$$

が得られる。

（９．５）式の右辺に対し、$K=n-k$ とおくと（９．４）式より、

$$Q(x;n,p)=\sum_{k=x}^{n}q(K;n,1-p)$$

$$=\tilde{Q}(n-x;n,1-p) \quad (9.6)$$

となり、

$$Q(x;n,p)=\tilde{Q}(n-x;n,1-p) \quad (9.7)$$

という関係が得られる。

次に、二項分布 $B(n,p)$ とベータ分布 $Beta(x,n-x+1)$ の関係について検討する。a,b を整数値とするベータ関数 $\beta(a,b)$ を、

$$\beta(a,b)=\frac{(a-1)!\,(b-1)!}{(a+b-1)!} \quad (9.8)$$

で定義し、$a=x,b=n-x+1$ とおくと、

$$\beta(x, n-x+1) = \frac{(x-1)!(n-x)!}{n!} \qquad (9.9)$$

が得られる。ベータ分布 $Beta\ (x, n-x+1)$ の密度関数 $f_b\ (y; x, n-x+1)$ は、

$$f_b(y; x, n-x+1) = \frac{n!}{(x-1)!(n-x)!} y^{x-1}(1-y)^{n-x} \qquad (9.10)$$

で表されるので、ベータ分布 $Beta(x, n-x+1)$ に従う確率変数 Y が p 以下になる確率は、分布関数を $F_b(p; n, x)$ とすると、

$$\begin{aligned}
\Pr\{Y \leq p\} &= F_b(p; n, x) \\
&= \int_0^p f_b(y; x, n-x+1)dy \\
&= \frac{n!}{(x-1)!(n-x)!} \int_0^p y^{x-1}(1-y)^{n-x}dy \\
&= \frac{n!}{(x-1)!(n-x)!} \left\{ \frac{p^x(1-p)^{n-x}}{x} + \frac{n-x}{x} \int_0^p y^x(1-y)^{n-x-1}dy \right\} \\
&= {}_nC_x p^x(1-p)^{n-x} + F_b(p; n, x+1) \qquad (9.11)
\end{aligned}$$

で計算される。よって、

$$\begin{aligned}
F_b\ (p; n, x) - F_b(p; n, x+1) &= {}_nC_x p^x(1-p)^{n-x} \\
&= q(x; n, p) \qquad (9.12)
\end{aligned}$$

であり、(9.4)式に(9.12)式を代入すると、

$$\begin{aligned}
\tilde{Q}\ (x; n, p) &= \sum_{k=x}^{n} q\ (k; n, p) \\
&= \sum_{k=x}^{n} \{F_b(p; n, k) - F_b(p; n, k+1)\} \\
&= F_b(p; n, k) \\
&= \frac{n!}{(x-1)!(n-x)!} \int_0^p y^{x-1}(1-y)^{n-x}dy
\end{aligned}$$

$$=\frac{1}{\beta(x,n-x+1)}\int_0^p y^{x-1}(1-y)^{n-x}dy \quad (9.13)$$

が得られる。このことは、二項分布 $B(n,p)$ で x 以上となる確率は、ベータ分布 $Beta(x,n-x+1)$ で p 以下の確率に等しいことを示している。

次に、$z=1-y$ とおくと、(9.13) 式は

$$\tilde{Q}(x;n,p)=\frac{1}{\beta(x,n-x+1)}\int_1^{1-p}-(1-z)^{x-1}z^{n-x}dz \quad (9.14)$$

となる。また、$\beta(a,b)=\beta(b,a)$ という関係があるので、(9.14) 式は、

$$\tilde{Q}(x;n,p)=\frac{1}{\beta(n-x+1,x)}\int_{1-p}^{1}z^{n-x}(1-z)^{x-1}dz \quad (9.15)$$

で表すことができる。(9.15) 式は、二項分布 $B(n,p)$ で x 以上となる確率は、ベータ分布 $Beta(x,n-x+1)$ で $1-p$ 以上の確率に等しいことを示す。

二項分布 $B(n,p)$ で x 以下となる確率 $Q(x;n,p)$ は、(9.6) 式と (9.15) 式より、

$$Q(x;n,p)=\tilde{Q}(n-x;n,1-p)$$

$$=\frac{1}{\beta(x+1,n-x)}\int_p^1 z^{x}(1-z)^{n-x-1}dz$$

$$=\frac{1}{\beta(n-x,x+1)}\int_0^{1-p}z^{n-x-1}(1-z)^{x}dz \quad (9.16)$$

で与えられる。

さらに、二項分布 $B(n,p)$ と F 分布の関係について検討する。ベータ分布 $Beta(a,b)$ の密度関数 $f_b(y;a,b)$ は、

$$f_b(y;a,b)=\frac{1}{\beta(a,b)}y^{a-1}(1-y)^{b-1} \quad (9.17)$$

である。

ここで、y を $a=\frac{m_1}{2}, b=\frac{m_2}{2}$ であるようなベータ確率変数とし、

$$y=\frac{\frac{m_1}{m_2}x}{\left(\frac{m_1}{m_2}x+1\right)} \qquad (9.18)$$

$$1-y=\frac{1}{\left(\frac{m_1}{m_2}x+1\right)} \qquad (9.19)$$

とおく。$m_1>0, m_2>0$ より、（9.19）式を微分すると、

$$\frac{dy}{dx}=\frac{\frac{m_1}{m_2}}{\left(\frac{m_1}{m_2}x+1\right)^2} \qquad (9.20)$$

が得られる。X の密度関数を $f_X(x)$ とおくと、

$$\begin{aligned} f_X(x) &= f_b(y;a,b)\left|\frac{dy}{dx}\right| \\ &= \frac{1}{\beta(a,b)}y^{a-1}(1-y)^{b-1}\left|\frac{dy}{dx}\right| \qquad (9.21) \end{aligned}$$

となる。ここで、

$$u=\frac{m_1}{m_2}x+1$$

$$v=\frac{m_1}{m_2}$$

とおくと、（9.18）式、（9.19）式、（9.20）式はそれぞれ

$$y=\frac{vx}{u}$$

$$1-y=\frac{1}{u}$$

$$\frac{dy}{dx}=\frac{v}{u^2}$$

であるので、（9.21）式は、

$$f_X(x)=\frac{1}{\beta(a,b)}\left(\frac{vx}{u}\right)^{a-1}\left(\frac{1}{u}\right)^{b-1}\frac{v}{u^2}$$

$$=\frac{1}{\beta(a,b)}\frac{v^{a-1+1}x^{a-1}}{u^{a-1+b-1+2}}$$

$$=\frac{1}{\beta(a,b)}\frac{v^a x^{a-1}}{u^{a+b}} \qquad (9.22)$$

となる。（9.22）式で示された $f_X(x)$ は、自由度 a,b の F 分布に従う確率変数 X の密度関数の定義そのものである。

（9.18）式を x について解くと、

$$x=\frac{m_2}{m_1}\cdot\frac{y}{1-y}$$

となるので、確率変数 X が、

$$a=\frac{m_1}{2}$$

$$b=\frac{m_2}{2}$$

のベータ確率変数であるとき、

$$X=\frac{m_2}{m_1}\frac{Y}{1-Y}$$

は、自由度 (m_1,m_2) の F 分布に従う。

このとき、

$$Y>p\Leftrightarrow\frac{Y}{1-Y}>\frac{p}{1-p}$$

が成立するので、Y を自由度 (m_1,m_2) の F 分布に従う確率変数とするとき、ベータ分布 $Beta\left(\frac{m_1}{2},\frac{m_2}{2}\right)$ で p 以上の確率は、

$$\Pr\{Y>p\}=\Pr\left\{X>\frac{m_2}{m_1}\cdot\frac{p}{1-p}\right\} \tag{9.23}$$

となる。

二項分布 $B(n,p)$ の下側確率 $Q(x;n,p)$ は、

$$m_1=2(x+1)$$

$$m_2=2(n-x)$$

$$X_d=\frac{m_2}{m_1}\cdot\frac{p}{1-p}$$

としたとき、自由度 (m_1,m_2) の F 分布における X_d 以上の確率 $\Pr\{X_d\leq X\}$ に等しい。

$$Q(x;n,p)=\Pr\{X_d\leq X\} \tag{9.24}$$

また、二項分布 $\beta(n,p)$ の上側確率 $\tilde{Q}(x;n,p)$ は、

$$\hat{m}_1=2(n-x+1)$$

$$\hat{m}_2=2x$$

$$X_u=\frac{\hat{m}_2}{\hat{m}_1}\cdot\frac{1-p}{p}$$

としたとき、自由度 $(\hat{m}_1,\hat{m}_2)$ の F 分布における X_u 以上の確率 $\Pr\{X_u\leq X\}$ に等しい。

$$\tilde{Q}(x;n,p)=\Pr\{X_u\leq X\} \tag{9.25}$$

9.3.2　二項分布の信頼区間

二項分布 $B(n,p)$ に従う確率変数 X の実現値 x より、二項確率 p の100 $(1-\alpha)$%信頼水準による信頼上限 p_u を計算する。

$$\Pr\{p>p_u\}<\alpha \tag{9.26}$$

参照資産数が n 件のプールにおいて、デフォルトが x 件観測されたものとする。

100（１－α）%信頼水準の信頼上限 p_u は、

帰無仮説 H_0：$p=p_u$

対立仮説 H_1：$p<p_u$

という仮説のもとでｐ値

$$P(x;n,p_u)=\Pr\{X\le x\mid p_u\}$$

$$=\sum_{k=0}^{x}{}_nC_k\,p_u^k(1-p_u)^{n-k}$$

$$=\alpha$$

を満たす p_u として計算される。（９.25）式で示したように、二項分布 $B(n, p)$ の上側確率 $\tilde{Q}(x;n,p)$ は、

$$\hat{m}_1=2(n-x+1)$$

$$\hat{m}_2=2x$$

$$X_u=\frac{\hat{m}_2}{\hat{m}_1}\cdot\frac{1-p}{p}$$

としたとき、自由度 $(\hat{m}_1,\hat{m}_2)$ の F 分布における X_u 以上の確率 $\Pr\{X_u\le X\}$ に等しい。この結果から、自由度 (m_1,m_2) の F 分布の上側100α%点を $F_{\mathrm{m1,m2}}(\alpha)$ とおくと、

$$p_d=\frac{\hat{m}_2}{\hat{m}_2+\hat{m}_1X_u}$$

$$=\frac{x}{x+(n-x+1)F_{2(n-x+1),2x}(\alpha)} \qquad (9.27)$$

が得られる。また、二項分布 $B(n,p)$ の下側確率 $Q(x;n,p)$ は、

$$m_1=2(x+1)$$

$$m_2=2(n-x)$$

$$X_d=\frac{m_2}{m_1}\cdot\frac{p}{1-p}$$

としたとき、自由度 (m_1,m_2) の F 分布における X_d 以上の確率 $\Pr\{X_d\le X\}$ に等しいので、二項確率 p の100（１－α）%信頼水準による信頼上限 p_u は、

$$p_u=\frac{m_1}{m_1+\dfrac{m_2}{X_d}}$$

$$=\frac{x+1}{x+1+\dfrac{(n-x)}{F_{2(x+1),2(n-x)}(\alpha)}} \qquad (9.28)$$

で計算される。

9.3.3 参照資産数と信頼区間の関係

プールの参照資産数 n と、参照資産の推定（想定）デフォルト確率 x を与えたとき、（9.28）式を用いて二項確率 p の95.0%信頼水準による信頼上限 p_u を計算した結果が表9.5である。表に示されている値が、二項確率 p の95.0%信頼水準による信頼上限 p_u である。

図9.5は、参照資産の推定（想定）デフォルト確率 x と信頼上限 p_u の関係を、参照資産数 n ごとに示したものである。参照資産数 n の値が少ないとグラフが階段的に変化しているが、これは推定デフォルト確率からデフォルト件数に直して信頼区間を計算するためであり、参照資産数 n の値が少ないと小数点以下の四捨五入によって同じデフォルト件数が生成されるためである。推定（想定）デフォルト確率 x が上昇すると、信頼上限 p_u も比例的に上昇している。また、参照資産数 n が小さくなると、信頼上限 p_u は指数的に増大することがわかる。

表9.6は、二項確率 p の95.0%信頼水準による信頼上限 p_u と、推定（想定）デフォルト確率 x とのデフォルト修正倍率 $d_{n,x}$ を、参照資産数 n ごとに示したものであり、図9.6はこれらの関係をグラフ化したものである。

$$d_{n,x}=\frac{p_u}{x} \qquad (9.29)$$

これらから、たとえば参照資産数が $n=200$、推定（想定）デフォルト確率が $x=0.005$ である場合には、95.0%信頼水準による信頼上限 p_u を想定す

表９．５　95.0％信頼水準による信頼上限 P_u

	デフォルト確率									
参照資産数	0.005	0.010	0.015	0.020	0.025	0.030	0.035	0.040	0.045	0.050
100	0.04656	0.04656	0.06162	0.06162	0.07571	0.07571	0.08920	0.08920	0.10225	0.10225
200	0.02350	0.03114	0.03831	0.04518	0.05184	0.05835	0.06473	0.07101	0.07721	0.08334
300	0.02084	0.02564	0.03472	0.03909	0.04760	0.05177	0.05996	0.06400	0.07199	0.07595
400	0.01566	0.02274	0.02939	0.03580	0.04204	0.04815	0.05418	0.06012	0.06600	0.07183
500	0.01543	0.02091	0.02868	0.03369	0.04102	0.04582	0.05292	0.05760	0.06454	0.06914
600	0.01287	0.01964	0.02603	0.03220	0.03824	0.04416	0.05001	0.05579	0.06153	0.06721
700	0.01303	0.01870	0.02588	0.03109	0.03789	0.04291	0.04953	0.05443	0.06092	0.06575
800	0.01141	0.01797	0.02419	0.03022	0.03612	0.04193	0.04767	0.05336	0.05899	0.06459
900	0.01165	0.01739	0.02421	0.02951	0.03601	0.04114	0.04747	0.05248	0.05871	0.06365
1,000	0.01048	0.01690	0.02300	0.02893	0.03474	0.04047	0.04614	0.05175	0.05733	0.06286
1,100	0.01074	0.01650	0.02309	0.02844	0.03473	0.03991	0.04606	0.05113	0.05718	0.06219
1,200	0.00984	0.01615	0.02216	0.02801	0.03376	0.03943	0.04504	0.05060	0.05612	0.06162
1,300	0.01009	0.01585	0.02228	0.02764	0.03380	0.03900	0.04502	0.05013	0.05606	0.06111
1,400	0.00937	0.01559	0.02153	0.02732	0.03301	0.03863	0.04420	0.04972	0.05521	0.06066
1,500	0.00960	0.01536	0.02165	0.02703	0.03307	0.03830	0.04422	0.04935	0.05519	0.06027
1,600	0.00900	0.01515	0.02103	0.02677	0.03242	0.03800	0.04353	0.04902	0.05448	0.05991
1,700	0.00922	0.01496	0.02116	0.02654	0.03250	0.03773	0.04357	0.04873	0.05449	0.05958
1,800	0.00871	0.01479	0.02063	0.02633	0.03194	0.03749	0.04299	0.04845	0.05388	0.05929
1,900	0.00891	0.01464	0.02075	0.02613	0.03202	0.03727	0.04304	0.04821	0.05391	0.05902
2,000	0.00847	0.01450	0.02029	0.02596	0.03154	0.03706	0.04254	0.04798	0.05339	0.05877

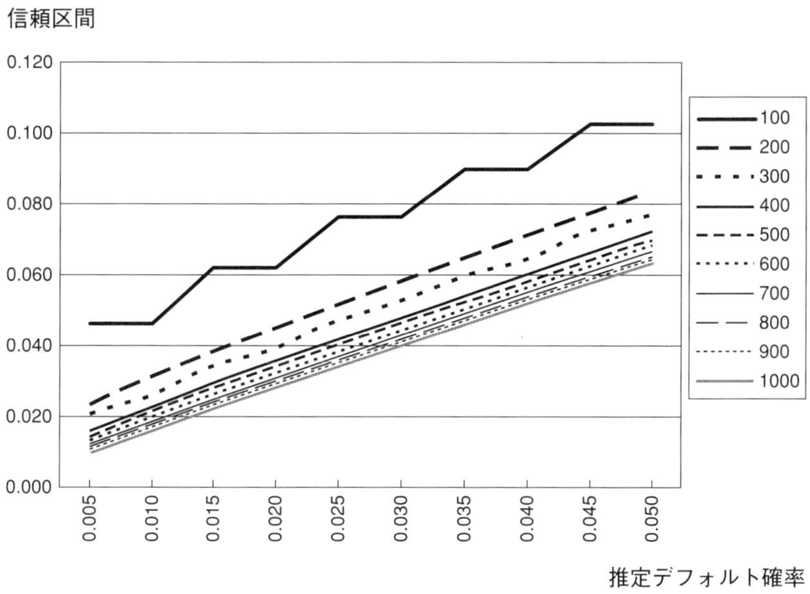

図９．５　95.0%信頼水準による推定（想定）デフォルト確率 x と信頼上限 p_u の関係

ると、推定（想定）デフォルト確率の約4.7倍の可能性を考える必要があるということがわかる。また、参照資産数が $n=1,000$ まで増加した場合には、推定（想定）デフォルト確率の約2.1倍の可能性を考える必要があることが示されている。

演習９．１　（９.28）式から表９．５を、（９.29）式から表９．６を作成するExcelシートを作成せよ。

（ヒント）　自由度（m_1, m_2）の F 分布の上側100α％点 $F_{m1,m2}(\alpha)$ は、F 確率分布の逆関数で与えられる。Excelでは、FINV（確率，自由度１自由度２）という関数が用意されている。

表９．６　95.0%信頼水準によるデフォルト修正倍率 $d_{u,x}$

	デフォルト修正倍率									
参照資産数	0.005	0.010	0.015	0.020	0.025	0.030	0.035	0.040	0.045	0.050
100	9.31196	4.65598	4.10795	3.08096	3.02843	2.52369	2.54846	2.22991	2.27230	2.04507
200	4.69969	3.11426	2.55398	2.25902	2.07373	1.94499	1.84950	1.77535	1.71580	1.66670
300	4.16725	2.56414	2.31482	1.95455	1.90400	1.72554	1.71321	1.60010	1.59987	1.51897
400	3.13104	2.27367	1.95934	1.78983	1.68146	1.60513	1.54789	1.50303	1.46671	1.43657
500	3.08675	2.09103	1.91224	1.68441	1.64079	1.52732	1.51195	1.43989	1.43430	1.38272
600	2.57433	1.96413	1.73528	1.61016	1.52941	1.47211	1.42890	1.39487	1.36722	1.34419
700	2.60568	1.87006	1.72512	1.55451	1.51576	1.43049	1.41501	1.36081	1.35376	1.31496
800	2.28102	1.79708	1.61268	1.51093	1.44485	1.39775	1.36209	1.33394	1.31099	1.29185
900	2.32908	1.73853	1.61411	1.47571	1.44051	1.37118	1.35616	1.31206	1.30456	1.27300
1,000	2.09682	1.69032	1.53357	1.44651	1.38970	1.34907	1.31824	1.29384	1.27392	1.25727
1,100	2.14745	1.64981	1.53943	1.42182	1.38935	1.33034	1.31589	1.27835	1.27075	1.24389
1,200	1.96893	1.61519	1.47750	1.40062	1.35029	1.31420	1.28675	1.26500	1.24721	1.23233
1,300	2.01801	1.58520	1.48516	1.38217	1.35187	1.30012	1.28625	1.25333	1.24578	1.22223
1,400	1.87418	1.55892	1.43526	1.36593	1.32042	1.28771	1.26280	1.24302	1.22685	1.21330
1,500	1.92049	1.53565	1.44361	1.35151	1.32298	1.27666	1.26332	1.23384	1.22641	1.20533
1,600	1.80070	1.51488	1.40206	1.33858	1.29681	1.26674	1.24381	1.22559	1.21067	1.19817
1,700	1.84403	1.49620	1.41057	1.32692	1.29989	1.25778	1.24492	1.21813	1.21084	1.19168
1,800	1.74177	1.47929	1.37512	1.31633	1.27757	1.24964	1.22830	1.21134	1.19744	1.18578
1,900	1.78223	1.46390	1.38355	1.30666	1.28091	1.24219	1.22977	1.20513	1.19799	1.18038
2,000	1.69327	1.44981	1.35272	1.29780	1.26152	1.23535	1.21534	1.19942	1.18636	1.17541

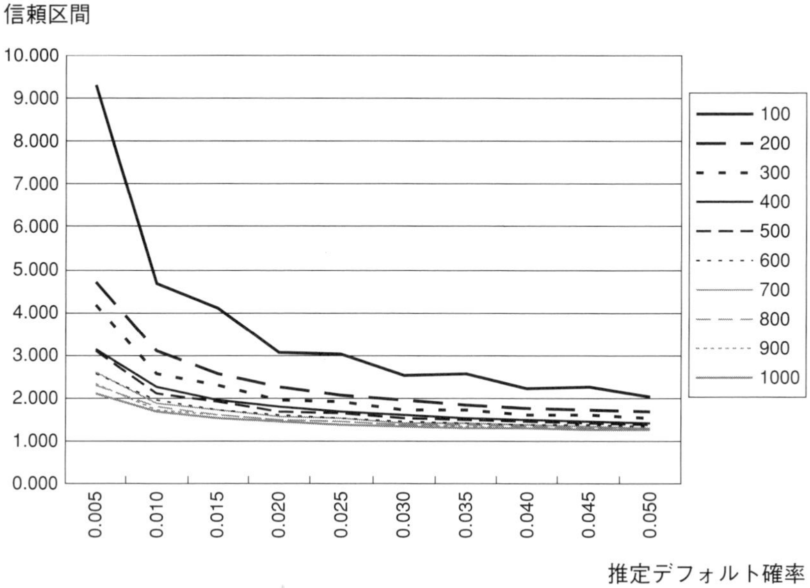

図９．６　95.0%信頼水準によるデフォルト修正倍率 $d_{n,x}$ の関係

９．４　正規検定（Normal Test）

参照資産数 n が多い場合、二項分布は正規分布で近似することができる。正規分布 $N(p,\sigma^2)$ に従う確率変数 X の実現値 x より、確率 p の100（１－α）%信頼水準による信頼上限 p_u を計算すると、（９.26）式より、

$$\Pr\{p > p_u\} < \alpha$$

$$\Pr\{p \leq p_u\} < 1 - \alpha \qquad (9.30)$$

となる。したがって、確率変数 X の分布関数を $F(x)$ で表すと、100（１－α）%信頼水準の信頼上限 p_u は、$F(x)$ の逆関数を用いて、

$$p_u = F^{-1}(1 - \alpha) \qquad (9.31)$$

で計算できる。

さらに、標準正規分布 $\Phi(0,1)$ に従う確率変数 Y を用いて、$X = \sigma Y + p$ とおくと、100（１－α）%信頼水準と信頼上限 p_u には、

$$
\begin{aligned}
1-\alpha &= Pr\{X \leq p_u\} \\
&= Pr\{\sigma Y + p \leq p_u\} \\
&= Pr\left\{ Y \leq \frac{p_u - p}{\sigma} \right\} \\
&= \Phi\left(\frac{p_u - p}{\sigma} \right) \qquad (9.32)
\end{aligned}
$$

という関係がある。したがって、

$$\frac{p_u - p}{\sigma} = \Phi^{-1}(1-\alpha)$$

となり、

$$p_u = \sigma \Phi^{-1}(1-\alpha) + p \qquad (9.33)$$

が得られる。

平均 p、標準偏差 σ の正規分布の分布関数 $F(a;p,\sigma)$ は、

$$F(a;p,\sigma) = \int_{-\infty}^{a} \frac{1}{\sqrt{2\pi}\sigma} \exp\left\{ -\frac{(a-p)^2}{2\sigma^2} \right\} du \qquad (9.34)$$

で、標準正規分布の分布関数 $\Phi(a)$ は、

$$\Phi(a) = \int_{-\infty}^{a} \frac{1}{\sqrt{2\pi}} \exp\left\{ -\frac{a^2}{2} \right\} du \qquad (9.35)$$

で与えられる。

演習9.2 過去の実績PDから求められた、実績PDの平均値を p、標準偏差を σ とする。(9.31) 式から、100(1－α)%信頼水準を計算するExcelシートを作成せよ。

(ヒント) 正規分布の逆関数 $F^{-1}(1-\alpha)$ は、ExcelのNORMINV（確率, 平均, 標準偏差）という関数で計算できる。

9．5 Extended Traffic Light Approach 検定

Extended Traffic Light Approach（以下 ETLA）は、バーゼル委員会のワーキングペーパー№14「内部格付システムの検証に関するスタディー」において紹介されている手法である。Blochwitz, Hohl, Tasch, Wehnn（2004）［10］は、パラメータ値の平均からの乖離を色（Traffic Light）というカテゴリーに分類したうえで、複数期からなる色の組合せが生起する確率を多項分布で表現し、それに基づいてデフォルト確率等の安定性を評価する手法（ETLA）を提案した。このアプローチは、統計的な検定というより、むしろ推定デフォルト確率、観測デフォルト確率を、図形的な視覚化によって把握しようとするものである。

時点 $t=1,\cdots,T$ の推定デフォルト確率（PD）を $\hat{p}_t$ とし、時点 t で実際に観測されたデフォルト確率を $\tilde{p}_t$ で表す。時点 t において、参照資産数を n_t、参照資産 i のデフォルト・イベントに関する定義関数を $D_{i,t|t=\tau|}$ で表す。

$$D_{i,t|t=\tau|}=\begin{cases}1 & \text{if} \quad t=\tau \\ 0 & \text{if} \quad t\neq\tau\end{cases} \tag{9.36}$$

なお、τ はデフォルト時点である。

このとき、時点 t で観測されたデフォルト確率 $\tilde{p}_t$ は、

$$\tilde{p}_t=\frac{\sum_{i=1}^{N_t} D_{i,t|t=\tau|}}{n_t} \tag{9.37}$$

で表すことができる。また、

$$D_t=\sum_{i=1}^{N_t} D_{i,t|t=\tau|} \tag{9.38}$$

は、デフォルト総数である。これらに対し、真のデフォルト確率を p_t で表す。

ETLA では、時点 t(年）におけるデフォルトの発生は独立しており、プールを構成するすべての参照資産が共通のデフォルト確率 p_t であるなら、時

点 t（年）でのデフォルト件数 D_t は、確率パラメータ p_t とサイズ・パラメータ N_t によって説明される二項分布となるということを基本としている。

$$D_t \sim B(n_t, p_t)$$

n_t がそれほど小さくない限り、標準化されたデフォルト率 $\bar{p}_t$

$$\bar{p}_t = \frac{D_t - n_t p_t}{\sqrt{n_t p_t (1 - p_t)}} = \frac{\tilde{p}_t - p_t}{\sqrt{\dfrac{p_t(1-p_t)}{n_t}}} \tag{9.39}$$

は、中心極限定理より標準正規分布 $N(0,1)$ で近似可能である。

ETLA では、観測されたデフォルト確率 $\tilde{p}_t$ の水準によって、緑、黄、オレンジ、赤という 4 つの区分を想定し、各色に入る確率を、それぞれ $\pi_g, \pi_y, \pi_o, \pi_r (\pi_g + \pi_y + \pi_o + \pi_r = 1)$ で表し、カラー・マッピング $C(x)$ を、

$$C(x) = \begin{cases} g, x \leq \Phi^{-1}(\pi_g), \\ y, \Phi^{-1}(\pi_g) < x \leq \Phi^{-1}(\pi_y), \\ o, \Phi^{-1}(\pi_y) < x \leq \Phi^{-1}(\pi_o), \\ r, \Phi^{-1}(\pi_o) < x, \end{cases} \tag{9.40}$$

で定義する。ただし、Φ^{-1} は標準正規分布の逆関数である。

Basel Committee on banking Supervision, "Studies on the Validation of Internal Rating Systems", Revised version, May, 2005." では、各色が起こる確率を $\pi_g = 0.5, \pi_y = 0.3, \pi_o = 0.15, \pi_r = 0.05$ で与えた。これは、信頼水準95%VaR に相当する部分が、赤（r）というカラーとなっていることを意味する。

ここで、観測されたデフォルト確率 $\tilde{p}_t$ の個数が全体で T 個存在し、それぞれのデフォルト確率がそれぞれ独立であるという仮定のもとで、カラー $c \in \{g, y, o, r\}$ の流列 $C(\tilde{p}_1), \cdots, C(\tilde{p}_T)$ 上で、カラー $c \in \{g, y, o, r\}$ が生じた回数である L_c の組合せを示すベクトル $A = (L_g, L_y, L_o, L_r)$ を想定する。$A = (L_g, L_y, L_o, L_r)$ が生起する確率は、以下の多項分布に従う。

$$\Pr[A = (L_g, L_y, L_o, L_r)] = \frac{T!}{L_g! L_y! L_o! L_r!} \pi_g^{L_g} \pi_y^{L_y} \pi_o^{L_o} \pi_r^{L_r} \tag{9.41}$$

ただし、4 種類の変数（L_g, L_y, L_o, L_r）は、すべて非負整数であり、$L_g + L_y$

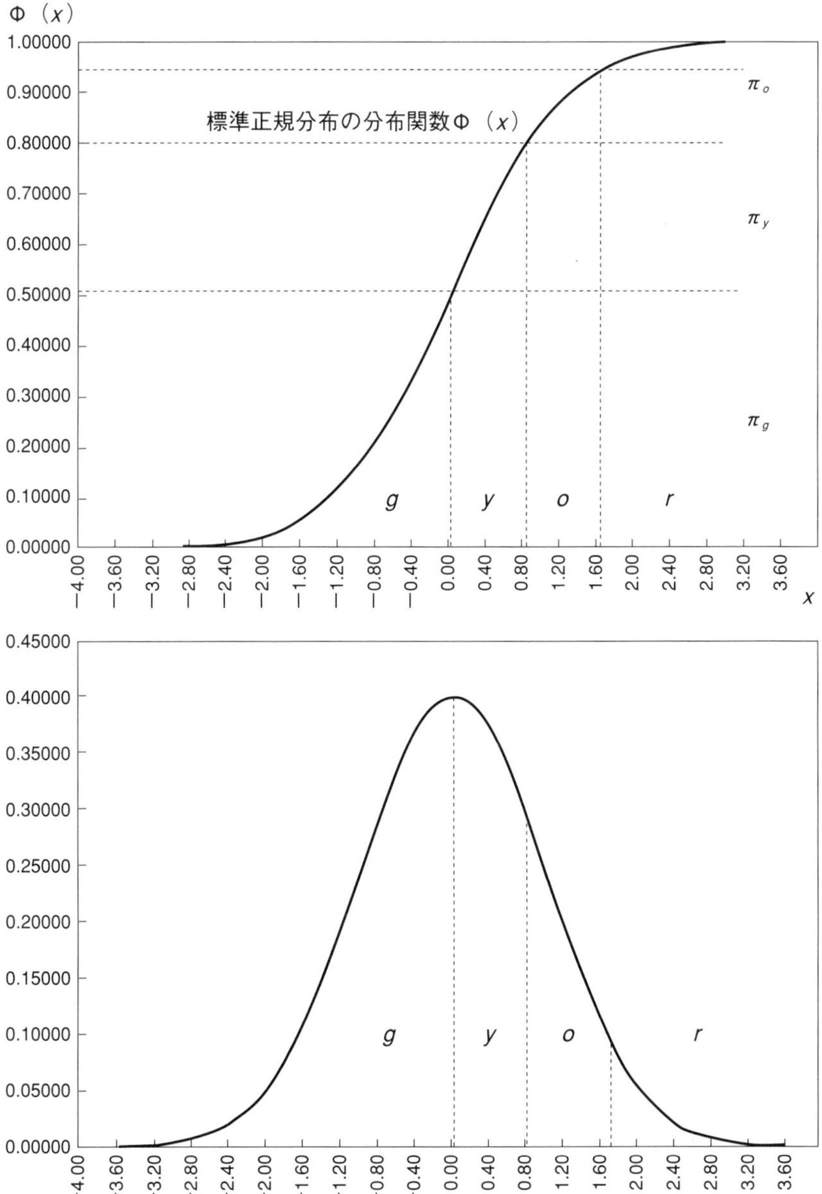

図9.7　カラー・マッピング $C(x)$

$+L_o+L_r=T$ という関係がある。T 個のデフォルト確率が観測されているので、緑、黄、オレンジ、赤でデフォルト確率を区分した場合には、すべてが赤の状態となる $A=(L_g,L_y,L_o,L_r)=(0,0,0,T)$ がワーストケースとして表現されることになる。ただし、実際には標準化されたデフォルト率 $\bar{p}_t$ によって色を決めるので、赤に分類される最大の個数は限られる。

次に、これらの緑、黄、オレンジ、赤という4つの状態の生起確率に対して順位による序列を付与する位数関数として、以下に定義する統計量 Λ を計算する。

$$\Lambda=\Lambda(L_g,L_y,L_o,L_r)=(T+1)^3L_g+(T+1)^2L_y+(T+1)L_o+L_r \qquad (9.42)$$

この統計量 Λ は、緑の色については1個当り $(T+1)^3$ の得点を、黄の色については1個当り $(T+1)^2$ の得点を、オレンジの色については1個当り $(T+1)$ の得点を、赤の色については1個当り1の得点を与えたものであり、色の状態の組合せを連続的な整数値として順位づけたものである。

緑、黄、オレンジ、赤という4つの状態に属するデータ個数が認識されると、(9.42) 式によってその組合せの順位が統計量 Λ によって計算される。統計量 Λ の小さい順に、緑、黄、オレンジ、赤という4つの状態の組合せを求め、その組合せを $A_k=(L_g^{(k)},L_y^{(k)},L_o^{(k)},L_r^{(k)}),(k=1,2\cdots)$ とし、そのときの統計量を Λ_k で表す。(9.41) 式にそれらの出現数を代入することで、$A_k=(L_g^{(k)},L_y^{(k)},L_o^{(k)},L_r^{(k)})$ が生起する確率 $P[A_k=(L_g^{(k)},L_y^{(k)},L_o^{(k)},L_r^{(k)})]$ を計算し、累積生起確率 $P[A_k\leq(L_g^{(k)},L_y^{(k)},L_o^{(k)},L_r^{(k)})]$ を

$$\Pr[A_k\leq(L_g^{(k)},L_y^{(k)},L_o^{(k)},L_r^{(k)})]=\sum_{l=1}^{k}\Pr[A_l=(L_g^{(l)},L_y^{(l)},L_o^{(l)},L_r^{(l)})] \qquad (9.43)$$

で計算する。

PD、LGDのバック・テストでは、「T 期間のすべての観測PD（LGD）が、推定されたPD（LGD）を上回らない」という仮説検定を想定する。

観測されたPD（LGD）の組合せが $A_k=(L_g^{(k)},L_y^{(k)},L_o^{(k)},L_r^{(k)})$ であり、このときの統計量 Λ_k を

$$\Lambda_k=(T+1)^3L_g^{(k)}+(T+1)^2L_y^{(k)}+(T+1)L_o^{(k)}+L_r^{(k)} \qquad (9.44)$$

で求める。$\Pr[\Lambda_k \leq v] = 1 - \beta$ を満たす最大の数 v を v_β とし、$\Lambda \leq v_\beta$ ならば、信頼水準 β で仮説を棄却する

ETLAを用いたバック・テストを行うと、異常値と判断される可能性が少なくなる傾向があるようである。一方、各色が起こる確率の与え方によって結果が異なり、それらの明確な根拠を示すこともむずかしいという問題もある。

9.6 まとめ

バック・テストでは、同一プール内のパラメータの安定性の検定が求められる。一方、マクロ経済環境などの要因によって、ポートフォリオ全体のパラメータ水準が変動してしまうことがある。この場合、同一プール内のパラメータ値のみに着目すると安定的でないという結論が得られるが、こうした外的環境要因を除外した場合には、十分に安定的に推移しているという状況が想定されうる。そうした場合には、たとえば数量化Ⅰ類の考え方に基づいて外的環境（年度別の環境因子）を特定し、パラメータ値からそれを除外したうえで、あらためて同一プール内のパラメータ安定性の検定を行うという方法が考えられる。これにより、「マクロ経済環境等の外的要因が検定結果に影響を与えてしまう」という二項検定・正規検定の課題を解決することが可能となる。

PDの推定では、二項分布が基準となり、その標準偏差は（9.1）式で求められた。この式は、推定PDp_tの水準が大きくても、参照資産数n_tが多くなるほど標準偏差、つまり許容されるばらつきが小さくなる。これは、特に住宅ローンのような低デフォルト率かつサンプル数が多いプールにおいて顕著にみられる傾向であり、実務の感覚とマッチしない部分となる。

バック・テストでは、この考え方がベストといえるものを探すことはむずかしい。実際には、複数の検定手法によって評価し、アラームが出た部分についてはその理由を個別に分析し、総合判断することが求められる。

〈参考文献〉

1　青沼君明・岩城秀樹著（2002）『Excelで学ぶファイナンス 3　債券・金利・為替』金融財政事情研究会

2　木島正明・青沼君明著（2003）『Excel&VBAで学ぶファイナンスの数理』金融財政事情研究会

3　木島正明編著（1998）『金融リスクの計量化（上）バリュー・アット・リスク』金融財政事情研究会

4　木島正明編著（1998）『金融リスクの計量化（下）クレジット・リスク』金融財政事情研究会

5　金融庁「バーゼルⅡ（新しい自己資本比率規制）について」

6　金融庁「バーゼルⅡに関するQ&A」2007/12/06

7　楠岡成雄・青沼君明・中川秀敏著（2001）『クレジット・リスク・モデル』金融財政事情研究会

8　山下智志著（2000）『市場リスクの計量化とVaR』朝倉書店

9　ジョン　ハル著　三菱証券商品開発本部訳（2005）『フィナンシャルエンジニアリング（第5版）』金融財政事情研究会

10　Stefan Blochwitz, Stefan Hohl, Dirk Tasch, Carsten S.Wehn, "Validating Default Probabilities on Short Time Series", working Paper, may 7, 2004.

事項索引

A～Z

あ行

か行

さ行

た行

な行

は行

ま行

ら行

わ行

EXCELで学ぶバーゼルIIと信用リスク評価手法

平成20年6月19日　第1刷発行

著　者　青　沼　君　明
　　　　市　川　伸　子

発行者　倉　田　　　勲
印刷所　文唱堂印刷株式会社

〒160-8520　東京都新宿区南元町19
発 行 所　社団法人 金融財政事情研究会
編 集 部　TEL 03(3355)2251　FAX 03(3357)7416
販　　売　株式会社 き ん ざ い
販売受付　TEL 03(3358)2891　FAX 03(3358)0037
URL http://www.kinzai.jp/

ISBN978-4-322-11220-7